파스퇴르 아저씨네 왁자지껄 병원

파스퇴르 아저씨네 왁자지껄 병원

최은영 글 | 김효진 그림 | 강승임 도움글

주니어김영사

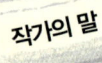

작가의 말

미생물은 우유처럼
우리 가까이에 있는 것!

'파스퇴르'라는 이름은 아마도 여러분들이 친숙하게 알고 있을 거예요. 마트에 가면 같은 이름의 유제품 브랜드를 쉽게 찾아볼 수 있으니까요. 그런데 왜 우유나 요구르트, 치즈 같은 유제품에 파스퇴르라는 이름이 붙어 있을까요?

유제품에 붙어 있는 파스퇴르는 바로 과학자 이름이에요. 프랑스에서 태어난 과학자 루이 파스퇴르는 낮은 열로 해로운 세균을 없애는 저온 살균법을 개발했어요. 저온 살균법으로 우유처럼 쉽게 상하는 식품을 신선한 상태로 운반하고 보관할 수 있도록 했어요. 그 덕분에 그 당시에 우유를 만들어 판매하는 사람들은 커다란 골칫거리를 말끔하게 해결할 수 있었고요. 이후에 파스퇴르의 공을 기리며 저온 살균한 유제품에 파스퇴르라는 이름을 붙인 것이에요.

파스퇴르는 저온 살균법뿐만 아니라 다양한 분야에서 과학적인 성과를 이루어 냈어요. 저는 그중에서도 여러분들이 가장 쉽고 재미있게 접할 수 있는 것이 무엇일까를 찾기 시작했어요. 오래 생각할 것도 없이 여러분이

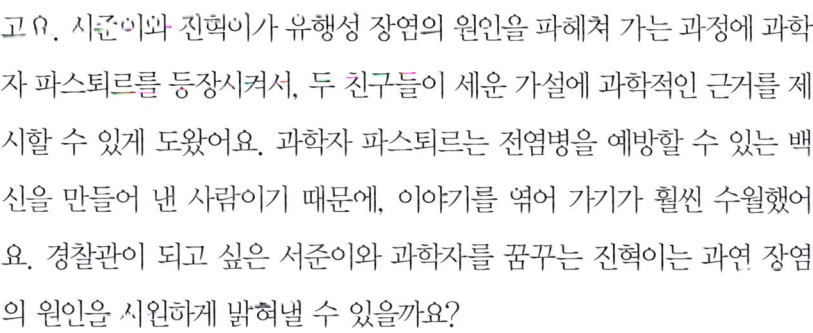

자주 마시는 우유가 떠올랐지요. 그런 뒤 서둘러 주인공 서준이네 학교에서 여러 명의 아이들이 한꺼번에 유행성 장염에 걸린 상황을 만들었고, 서준이와 친구 진혁이로 하여금 유행성 장염이 퍼진 원인을 추적해 가는 과정을 만들어 냈어요.

덩달아 '왁자지껄 병원'이라는 공간도 생겨났고요. 서준이와 진혁이가 유행성 장염의 원인을 파헤쳐 가는 과정에 과학자 파스퇴르를 등장시켜서, 두 친구들이 세운 가설에 과학적인 근거를 제시할 수 있게 도왔어요. 과학자 파스퇴르는 전염병을 예방할 수 있는 백신을 만들어 낸 사람이기 때문에, 이야기를 엮어 가기가 훨씬 수월했어요. 경찰관이 되고 싶은 서준이와 과학자를 꿈꾸는 진혁이는 과연 장염의 원인을 시원하게 밝혀낼 수 있을까요?

저는 여러분들이 《파스퇴르 아저씨네 왁자지껄 병원》을 읽으면서 미생물학을 조금 더 쉽고 편안하게 받아들였으면 좋겠어요. 미생물학은 우리의 일상에서 정말 자주 만날 수 있는 학문이거든요. 또한 여러분들이 파스퇴르가 알아낸 발효와 부패, 미생물, 백신 그리고 저온 살균법에 대해서 관심과 흥미를 갖게 된다면, 그것만으로도 저는 구름을 타고 여행을 하는 듯 기쁠 거예요.

〈처음 과학동화〉를 통해 과학과 친구가 된 작가 **최은영**

차례

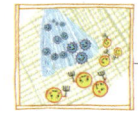
왁자지껄 병원
• 예방 접종으로 전염병의 항체를 만들다 • 8

급식실이 수상해!
• 미생물은 우리가 생활하는 모든 곳에 있다 • 26

범인은 김치?
• 김치는 부패가 아닌 발효를 한다 • 44

수호의 증언이 필요해
• 과학은 끊임없는 가설의 검증으로 완성된다 • 62

[ **끝나지 않은 수사**
• 모든 것은 자연적으로 발생하지 않는다 • 80]

[ **우유 때문이라고?**
• 저온 살균은 나쁜 미생물을 없애면서 식품 고유의 맛과 향을 유지시킨다 • 98]

[ **문제의 시작은 따로 있었다**
• 과학은 인류를 위한 것이다 • 114]

프랑스의 국민 과학자 파스퇴르는 어떤 사람일까? 136
독후활동지 150

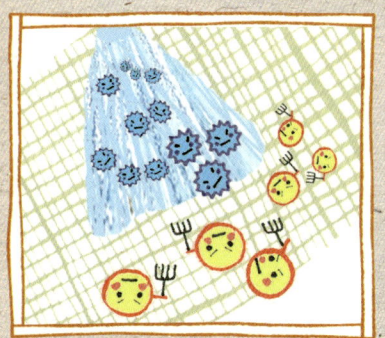

왁자지껄 병원
• 예방 접종으로 전염병의 항체를 만들다 •

아이들 발걸음이 빨라졌다. 덩달아 재잘재잘 떠드는 소리는 더 커졌다. 월요일이고 화요일이고 상관없었다. 언제가 됐든 아이들은 등굣길이면 마치 일주일쯤 만나지 못한 친구를 다시 만난 것처럼 쉴 새 없이 떠들며 교문을 지났다. 1학년이든 6학년이든 다르지 않았다. 아이들은 떠들기 위해 학교에 오는 것 같았다.

"엄마, 이따 봐요!"

학교 급식실 앞에서 서준이는 엄마와 헤어졌다. 엄마는 대충 묶어 올린 머리의 앞머리를 한 번 쓸어 올리며 서준이와 인사를 나눴다.

다른 아이들과 달리 서준이는 엄마와 함께 학교에 온다. 초등학교 영양 교사인 엄마는 계속 다른 초등학교에서 일을 했는데, 올해 서준이가 다니는 초원초등학교로 발령을 받았다. 발령장을 받던 날, 엄마는 서준이와 손바닥을 맞추며 환호성을 질렀다. 서준이가 초원초등학교에 입학하면서부터 꿈꿔 왔던 일이 4학년이 되어서야 이루어진 거였다.

서준이가 엄마랑 헤어지고 부랴부랴 교실로 향하는데, 누군가 서준이의 어깨를 탁 내리쳤다.

"아프지?"

진혁이가 너무나도 당연한 걸 아무렇지도 않게 물었다. 서준이는 불쑥 화가 났다.

"때려 놓고 아프냐고 묻는 건 어느 나라 예법이냐?"

"확실히 위에서 아래로 내리칠 때 힘이 제일 커지나 봐."

서준이의 말은 들은 척 만 척 진혁이는 혼잣말을 해 대며 교실로 들어갔다.

"고진혁, 또 과학 실험을 한 거라고 둘러대는 거냐?"

서준이가 진혁이를 따라가며 물었다. 억울함이 목소리에 가득 묻었다.

"헤헤, 어제는 내가 널 앞에서 뒤로 밀어 가며 때렸었잖아."

"그러니까 말이야. 사람 때려 놓고 또 실험했다 할 거냐고!"

서준이가 빽 소리를 질렀다.

나중에 커서 과학자가 되겠다는 진혁이는 틈만 나면 말도 안 되는 일을 벌이고 실험을 한 거라며 둘러댔다.

"미안, 미안. 대신 내가 오늘 네 소원 하나 들어줄게."

진혁이가 살살 눈웃음을 치며 서준이의 팔을 잡았다.

"꼭 지켜야 돼!"

서준이는 부루퉁한 얼굴을 하고는 진혁이를 쏘아보았다. 진혁이는 알겠다며 설렁설렁 고개를 끄덕였다.

유치원에 다닐 때부터 서준이는 진혁이랑 가깝게 지냈다. 둘 다 외동아들에 집도 가까웠고, 엄마들 나이도 같아서 엄마들끼리도 친했다.

서준이가 자리에 앉아 아침 독서 책을 눈으로 훑고 있는데, 수업 예비 종이 울렸다. 이제부터 들어오는 아이는 지각이다. 지각생은 수업이 끝난 뒤에 남아서 교실 청소를 해야 한다. 서준이는 엄마랑 함께 학교에 오기 때문에 지각할 걱정은 없었다.

오늘은 서준이의 짝 수호가 보이지 않았다. 다른 아이들보다 몸집이 두 배쯤 커다란 수호는 체육 시간을 가장 싫어했다. 수호는 세상에서 가장 싫은 게 몸을 움직이는 거라고 커다란 목소리로 늘 떠벌렸다. 반대로 수호가 가장 사랑하는 시간은 점심시간이었다. 점심시간만큼은 누가 뭐라고 해도 제빨리 몸을 움직여 급식실로 향했다. 급식실 영양 교사가 서준이 엄마라는 사실을 알고 난 뒤로는 부쩍 서준이에게 친한 척을 해 댔다. 물론 그 즈음에 서준이랑 짝이 되기도 했다.

"이상하다. 이수호가 왜 아직 안 왔지?"

있을 수 없는 일이었다. 수호는 청소를 하는 데 몸을 쓰고 싶지 않아서 일찍 일어나 학교에 오는 것을 선택했고, 지금까지 하루도 그 규칙을 어긴 적이 없었다.

"선생님, 수호가 아직 안 왔어요!"

선생님이 막 수업을 시작하려는 찰나, 서준이가 손을 번쩍 들고 수호의 결석을 알렸다.

"그러지 않아도 수호 어머니가 아침 일찍 연락 주셨어."

"무슨 연락을요?"

"어젯밤에 수호가 병원에 입원했다는구나."

서준이가 아는 수호는 운동을 싫어하기는 했지만, 입원을 해야 할 만큼 약한 체질이 아니었다.

"어디가 아파요?"

서준이가 고개를 갸웃거리며 선생님에게 물었다. 선생님이 빙긋

웃으며 서준이를 보았다.

"서준이가 짝꿍이라고 걱정이 많네. 어디가 아픈지는 모르겠고, 큰길 사거리에 있는 홍익병원에 입원했다니까 가 보려면 수업 마치고 가 봐."

선생님의 반응을 봐서는 크게 걱정할 병은 아닌 듯했다.

그래도 서준이는 수호의 빈자리가 자꾸 신경 쓰였다. 수호가 툭 하면 내밀던 사탕이며 캐러멜 때문이 아니었다. 선생님의 작은 말실수에도 큰 목소리로 껄껄 웃어 대던 녀석이 없으니 수업 시간이 맹숭맹숭하게 느껴졌다. 늘 옆에 있던 사람이 있고 없음은 참 달랐다. 수호랑 죽고 못 사는 사이도 아니었으면서 마음 한쪽이 공연히 허전했다.

"이따 수업 끝나고 홍익병원에 같이 가자."

점심시간에 급식실로 향하며 서준이가 진혁이에게 말했다. 진혁이는 '내가 왜 그래야 하냐?'라고 묻듯 눈살을 찌푸렸다.

"오늘 소원 들어주기로 했잖아."

서준이는 점잖게 말을 뱉고 급식실로 들어갔다. 오늘도 엄마는 배식대 옆에서 점심을 받아 가는 아이들을 한 명 한 명 바라보고 있었다. 전교생이 급식을 다 받아 갈 때까지 엄마는 늘 같은 자리에서 같은 행동을 했다. 서준이는 엄마가 왜 그러는지 궁금했다.

"왜 그렇게 아이들을 쳐다보고 있어요?"

학기 초에 서준이는 엄마에게 이렇게 질문한 적이 있었다.

"니희들이 음식을 맛있게 잘 먹는지, 꺼리는 음식은 없는지 엄마가 알아야 하니까."

엄마는 목소리에 힘을 주며 대답했다.

"쳐다보기만 해도 그걸 알 수 있어요?"

"100퍼센트 다 알 수는 없지만, 큰 문제가 있는지 없는지 정도는 알 수 있어."

엄마의 말뜻을 100퍼센트 완벽하게 알아듣지는 못했지만 그래도 엄마가 해야 하는 일이라니까 그냥 이해하기로 했다.

"이따 수업 마치고 여기로 와."

서준이가 식판에 밥을 받아 가는데 엄마가 작은 목소리로 재빨리 말했다.

"맞다. 오늘 예방 접종 맞으러 가는 날이지."

수호를 보러 가는 건 다음으로 미뤄야 했다. 서준이는 진혁이에게도 오늘의 소원은 잠시 미뤄 두자고 했다. 진혁이는 단번에 '오케이'를 외쳤다. 진혁이는 항상 그랬다. 머뭇거림이 없었다.

수업이 끝나자마자 서준이는 급식실로 달렸다. 진혁이도 서준이의 뒤를 따랐다.

"너도 예방 접종해야 해?"

"아니!"

진혁이가 천연덕스럽게 고개를 저었다.

"나는 예방 접종하러 병원에 가야 해!"

"알아."

진혁이는 짧게 대꾸했다.

"그런데 왜 따라와? 너도 같이 가려고?"

서준이가 두 눈을 슴벅거리며 진혁이를 보았다. 진혁이가 배시시 웃으며 말했다.

"네가 겁내지 않고 잘 맞는지, 내가 좀 봐 주려고."

"풋."

서준이는 입술을 떨었다.

누가 봐도 진혁이보다는 서준이가 형 같았다. 키도 서준이가 진혁이보다 반 뼘쯤 더 크고, 말투도 서준이가 훨씬 어른스러웠다. 물론 판단의 기준은 서준이 자신이었다.

"엄마!"

엄마는 서준이에게 학교에서는 되도록 엄마라고 부르지 말랬지만, 수업이 모두 끝난 뒤에는 크게 상관없었다. 수업이 끝난 뒤 급식실에는 음식 정리를 하는 아주머니들만 있었다.

"아, 서준아!"

엄마가 크게 당황한 얼굴로 서준이에게 다가왔다. 엄마 옆에는 교감 선생님과 낯선 아저씨가 얼굴을 잔뜩 우그린 채 있었다.

"무슨 일 있어요?"

진혁이가 고개를 반짝 내밀고 서준이 엄마에게 물었다.

"응, 급식실에 일이 좀 생겼어. 서준아, 예방 접종은 다음에 하자."

엄마에게 몹시 곤란한 일이 일어난 듯 보였다. 서준이는 힐끔 급식실을 둘러보았다. 그러고 보니 급식실 뒷정리를 끝내고 집에 갈 채비를 하고 있어야 할 아주머니들도 조리복 차림 그대로 조리대 쪽에 쑥 서 있었다.

"오늘 꼭 같이 가자더니……."

서준이가 엄마에게 같이 가자고 조르려는데, 진혁이가 서준이의 허리를 쿡 찔렀다. 그러고는 서준이 옆에 바짝 붙어 서며 큰 소리로 말했다.

"제가 서준이랑 병원에 갈게요."

"그럴래?"

미처 말릴 새도 없이 엄마는 지갑에서 카드를 꺼내 서준이에게 내밀었다.

"진혁이랑 잘 갔다 와. 엄마는 집에서 보자."

엄마는 빨리 서준이를 급식실에서 내보내고 싶은 듯했다. 서준이는 내키지 않았지만 더는 버틸 수 없었다. 마침 진혁이도 서준이의 팔을 잡아끌었다.

"무슨 일일까?"

급식실을 벗어나며 진혁이가 물었다.

"내가 그걸 어떻게 알아?"

서준이의 대꾸가 삐딱하게 튀어나왔다.

"홍익병원은 아니지만 같이 병원에 가 주고 있으니까 소원은 들어준 거나 마찬가지다!"

진혁이가 싱글거리며 서준이 앞에 얼굴을 드밀었다. 하지만 서준이는 진혁이를 보며 웃을 수 없었다. 급식실에 두고 온 엄마가 자꾸 걱정되어서였다.

"아빠가 엄마 잘 지켜 주랬는데……."

삼 년 전에 아빠는 세상을 떠났다. 삼 년이나 흘렀지만 아빠는 예고도 없이 툭툭 서준이의 기억 속에 살아났다. 서준이는 얼른 고개를 저었다. 엄마가 많이 당황한 것 같기는 했지만 별일은 없을 거였다.

"저 병원 이름 웃긴다."

진혁이의 목소리가 서준이의 생각을 흩뜨렸다. 터덜터덜 발짝을 떼던 서준이는 진혁이가 가리키는 곳을 향해 고개를 들었다.

'왁자지껄 병원?'

학교 앞 작은 건물 2층에 낯선 병원 간판이 보였다. 진혁이 말대로 이런이 놀이터 같은 우스운 이름을 갖고 있었다.

"원래 저기 병원이 있었나?"

서준이 말에 진혁이도 고개를 갸우뚱거렸다. 본 적도 들은 적도 없는 병원이 갑자기 앞에 나타난 것이다. 그것도 처음으로 부모님 없이 병원에 가야 하는 이때에.

"이건 아무래도 운명인 것 같다."

진혁이가 너스레를 떨며 이름도 희한한 병원으로 들어갔다. 서준이도 호기심이 가득한 눈으로 진혁이를 쫓았다.

'아빠라면 분명히 씩씩하게 낯선 병원으로 향했을 거야. 아빠는 동네와 주민을 지키는 용감한 경찰관이었으니까.'

새로 생겨서인지 병원은 텅 비어 있었다. '왁자지껄'괴는 거리가 아주 멀었다. 접수대에서 휴대 전화를 들고 게임을 하느라 정신없는 간호사 형이 힐끗 서준이와 진혁이를 보았다. 그러고는 다시 눈을 내리깔고 성의 없이 물었다.

"무슨 일로 왔니?"

"형이 간호사예요?"

진혁이가 접수대로 바짝 다가갔다. 간호사 형이 허둥거리며 휴대 전화를 내려놓았다.

"무슨 일로 왔느냐니까?"

"엄마가 일본 뇌염 예방 주사를 맞으라고 해서 왔어요."

서준이가 퉁명스럽게 말했다.

간호사 형은 서준이 앞에 하얀 종이를 내밀었다. 그러고는 이름과 주민등록번호와 주소를 적으라고 했다. 서준이는 거침없이 종이를 채웠다.

간호사 형은 서준이가 적어 준 종이를 들고 진료실로 들어갔다. 잠시 뒤 간호사 형이 밖으로 나와 서준이를 불렀다. 환자가 없으니 기다릴 필요가 없었다.

"착한 어린이로구나."

신료실에 들어서자마자 의사 선생님이 두 팔을 크게 벌렸다. 덥수룩하게 기른 수염이 하얀 의사 가운과 어울리지 않았다. 서준

이와 진혁이는 진료실 문 바로 앞에 우뚝 멈춰 선 채 의사 선생님을 바라보았다. 의사 선생님이 어서 오라며 손을 흔들었다.

"반갑구나. 나는 왁자지껄 병원 의사, 파스퇴르란다."

"파스퇴르요?"

서준이가 눈썹을 찡그렸다. 이름이 영 이상했다.

"뭐, 이름을 기억하기 어렵다면, 그냥 의사 선생님이라고 불러라."

의사 선생님은 누군가가 진료실 문을 열고 들어오기를 꽤나 기다린 것 같았다. 그렇지 않고서야 다짜고짜 이름부터 밝힐 이유가 없었다.

"우리가 첫 번째 환자인가 봐."

진혁이가 목소리를 바짝 낮추고 서준이에게 속삭였다. 서준이도 고개를 끄덕이며 허리를 곧추 세웠다. 첫 번째라니, 공연히 우쭐한 기분이 들었다.

"예방 주사는 왜 맞아야 해요?"

병원도 한가하고 의사 선생님도 누군가가 오기만을 기다린 것 같으니, 이 정도는 물어봐도 괜찮을 것 같았다. 서준이의 질문에 진혁이도 귀를 쫑긋 세웠다.

"전염병을 예방하기 위해서지."

의사 선생님의 목소리가 사뭇 들떠 있었다. 서준이는 병원 이름을 왜 '와자지껄'이라고 지었는지 알 것 같았다. 의사 선생님은 누군가랑 이야기하는 것을 무척이나 좋아하는 듯 보였다.

"예방 주사에는 말이지, 전염병의 원인균이 들어 있단다."

"병균을 돈을 주고 맞는단 말이에요?"

짜 맞춘 것처럼 서준이와 진혁이가 동시에 물었다.

의사 선생님이 두 눈을 반짝이더니 "껄껄" 하고 웃었다.

"내 예상이 맞았어. 너희는 과학을 좋아하는 초등학생인가 보구나."

"진혁이는 그렇지만 저는 아니에요."

서준이가 팔짝 뛰었다. 서준이는 아빠처럼 용감하고 씩씩한 경찰관이 되는 게 꿈이다. 하지만 과학자가 꿈인 진혁이는 헤실헤실 웃으며 의사 선생님을 바라보았다. 의사 선생님이 마음에 드는 눈치였다.

"우리가 왜 과학을 좋아하는 것 같으세요?"

진혁이의 목소리가 솜처럼 보들보들해졌다.

"보통 아이들은 그냥 예방 주사를 맞고 돌아가는데, 너희들은 예방 주사를 왜 맞는지, 그걸 맞으면 어떻게 전염병이 예방되는지 궁금해하잖니. 과학은 그런 궁금증에서 시작되거든."

23

의사 선생님의 말에 진혁이는 손뼉을 치며 고개를 끄덕였다.

"전염병의 원인균이 몸속에 들어오면 병에 걸리는 거 아니에요?"

서준이가 차근차근 물었다. 수염이 덥수룩한 파스퇴르 의사 선생님이 지그시 서준이를 바라보며 말했다.

"아주 적은 양의 원인균을 우리 몸에 미리 집어넣으면, 몸 안에서 전염병에 맞서 싸울 수 있는 병사들이 만들어진단다. 병사가 든든하게 몸을 지키고 있으면, 전염병이 들어와 우리 몸을 아프게 하려고 해도 뜻대로 되지 않아."

"으, 무슨 몸속에 병사를 만들어요?"

서준이는 고개를 절레질레 서으며 머리를 긁었다. 하지만 진혁이는 의사 선생님의 말을 알아들은 모양이었다.

"그 병사를 '항체'라고 하지요?"

"맞았어. 친구 말대로 너는 과학을 좀 아는 아이로구나."

"맞아요. 저는 나중에 커서 과학자가 될 거예요!"

진혁이가 목소리에 힘을 줬다.

왁자지껄 병원의 첫 번째 환자는 서준인데, 오히려 의사 선생님하고는 진혁이가 더 가까워진 듯했다.

급식실이 수상해!
• 미생물은 우리가 생활하는 모든 곳에 있다 •

 엄마는 저녁 무렵에야 집으로 돌아왔다. 평소보다 한 시간이나 더 늦은 퇴근이었다. 집에 들어오자마자 엄마는 냉장고 문을 열고 유리컵에 찬물을 따라서 벌컥벌컥 마셨다. 속을 많이 태운 모양이었다.
 서준이는 말없이 엄마 뒤를 졸졸 따라다녔다. 굳이 서준이가 묻지 않아도 엄마는 서준이에게 학교에서 있었던 일을 시시콜콜 말해 줄 거였다. 서준이랑 엄마는 늘 그랬다. 아주 작은 일이라도 숨기는 것이 없었다. 아빠가 살아 있을 때도 그랬다.
 "아무래도 나한테는 아들 말고 딸이 있는 것 같아. 그것도 수다

백 단짜리 딸."

아빠는 쉴 새 없이 수다를 떨고 있는 엄마와 서준이를 보며 샘을 내듯 말하곤 했다. 그러면 엄마는 서준이를 꼭 끌어안고 딸 같은 아들이라 더 좋다며 행복해했다. 사실 서준이는 딸 같은 아들이라는 말을 좋아하지 않았다. 엄마랑 수다를 떠는 게 왜 딸 같은 행동인지 이해할 수도 없었다. 서준이는 그냥 엄마랑 이야기하는 게 좋았다.

그런데 오늘은 이상했다. 엄마는 아무 말 없이 머리를 쓸어 넘기더니 방으로 들어가 버렸다. 그리고는 들어오지 말라는 듯 문을 쾅 닫아 버렸다. 엄마를 좇아 발짝을 옮기던 서준이는 엄마 방문 앞에서 걸음을 멈췄다.

"배고프지?"

문 너머에서 엄마가 물었다.

"아니······."

문 앞에서 서준이가 말했다.

"그럼 조금만 쉬었다가 먹자."

엄마는 무척이나 지치고 힘겨운 목소리로 말을 맺었다. 모르는 척 엄마 방에 들어가려다가 서준이는 거실에 있는 텔레비전을 켰다. 혹시나 엄마에게 방해가 될까 싶어 볼륨을 줄였다. 엄마는 어스름이 내려 주위가 컴컴해지도록 방에서 나오지 않았다.

"엄마 좀 깨우지 그랬어?"

8시가 다 되어 갈 무렵 엄마가 방에서 나왔다. 그러고는 양손으로 급히 머리를 쓸어 올리고 부엌으로 달려갔다.

"뭘 해 먹을까?"

엄마 목소리가 아까보다는 훨씬 밝아졌다. 서준이는 타박타박 엄마 곁으로 다가갔다.

"시켜 먹어요."

"배 많이 고파?"

엄마가 서준이를 보며 눈을 휘둥그레 떴다. 서준이는 고개를 끄덕거렸다. 배가 고픈 것보다 엄마가 힘들어 보여서라고는 말하지 않았다.

엄마는 잠시 무엇인가를 생각하더니 고개를 저었다. 그러고는 서둘러 김치볶음밥을 만들었다. 김치와 섞여 잘 볶인 밥에 계란 프라이가 덮이고 깨소금도 솔솔 뿌려졌다. 평소보다 무려 두 시간 가까이 늦은 저녁상 앞에서 서준이는 엄마와 마주 앉았다.

"오늘 학교에 안 나온 학생이 있있어."

엄마가 먼저 입을 열었다. 서준이가 두 눈을 반짝이며 엄마를 보았다.

"내 짝꿍도 안 왔어요. 수호."

"아, 그 먹는 거 좋아하는 친구……."

엄마의 목소리는 기운이 없었다. 서준이가 고개를 갸웃하며 물었다.

"수호가 결석한 게 엄마랑 상관있어요?"

"수호만 안 온 게 아니라, 4학년 4반 미희라는 아이랑 2학년 학생도 안 왔어."

"왜요?"

서준이가 목청을 높였다.

"세 명이 다 장염으로 입원을 했대."

장염이라면 배탈이 난 거였다. 서준이도 어렸을 때는 종종 장염에 걸려 입원을 했었다.

"그런데 왜 엄마가 힘들어해요?"

서준이로서는 엄마가 힘들어하는 게 이해되지 않았다. 엄마가 자분자분 말을 이었다.

"세 명이 동시에 같은 증상으로 입원을 한 거니까, 아무래도 학교에서 먹은 음식에 문제가 있었던 게 아닌가 싶어서……."

"에이~"

서준이는 고개를 절레절레 저으며 입을 삐죽였다. 그러고는 엄

마를 똑바로 바라보았다.

"학교에서 먹은 음식 때문이라면 전교생이 다 같이 아파야 하잖아요."

"물론 그렇긴 하지."

엄마에게 힘을 돋워 주려고 아무리 애를 써도, 엄마는 힘을 내지 못했다. 엄마는 꽉 조여 있던 나사가 스르르 풀려 버린 모양으로 앉아 있었다.

"그래서 엄마는 이제 어떻게 해야 해요?"

더 이상 어쩔 수 없었다. 서준이는 현실적인 문제를 물어보기로 했다.

"내일 아침 일찍 학교에 가야 해. 식품 조사 위원들이 급식실에 나오기로 했거든."

"그럼 엄마, 저녁 설거지는 내가 할게요. 엄마는 빨리 씻고 주무세요."

서준이가 엄마에게 힘을 줄 수 있는 방법은 이것밖에 없었다. 서준이는 일부러 큰 소리로 말하며 씩씩하게 밥을 긁어 먹었다. 엄마가 해 준 밥은 항상 맛있었다.

서준이는 엄마를 억지로 밀어내고 싱크대 앞에 섰다. 설거지 정도는, 그것도 볶음밥이 담겨 있던 그릇 씻는 정도는 눈감고도 할 수 있었다. 아빠하고도 종종 설거지를 했었다.

"진짜 멋진 경찰이 되려면, 내 가족부터 잘 지켜야 해. 서준이가 지켜야 할 가족이 누구지?"

설거지를 하면서 아빠는 서준이에게 질문을 던졌다. 사실 질문이라기보다 확인에 가까운 물음이었다.

"엄마!"

서준이가 큰 소리로 대답하면, 아빠는 고무장갑을 낀 팔꿈치로 서준이의 머리를 쓰다듬었다. 그렇게라노 아빠는 서준이를 칭찬하곤 했다.

서준이는 냉장고를 열었다. 내친 김에 냉장고 청소도 할까 싶었다. 아빠가 지금 이 자리에 있었어도 분명히 그랬을 것이었다. 아빠는 엄마가 기운이 없으면 부엌이 생기를 잃는다고 했다. 부엌이 생기를 잃었을 때에는 아빠라도 나서서 기운을 넣어 줘야 한다고 말했나.

냉장고는 차곡차곡 잘 정돈되어 있었다. 서준이가 일부러 손을 댈 필요가 없어 보였다. 서준이는 부엌 옆에 있는 베란다로 나갔다. 몇 개의 주방 용품이 선반에 놓여 있고, 한쪽 벽에는 국물 낼 때 쓰는 건어물이 담긴 그물망이 걸려 있었다. 베란다에노 서준이가 손 댈 일은 없었다.

문을 닫고 부엌으로 들어오려는데 문 앞에 있는 항아리가 눈에 뜨였다. 감자나 양파 같은 것을 넣어 두는 항아리였다. 혹시나 싶어 항아리 뚜껑을 열었다. 보라색 싹이 튼 감자가 보였다. 예뻤다. 이걸 보면 엄마도 기운이 날 것 같았다. 서준이는 싹이 튼 감자를 들고 엄마에게 갔다.

"엄마, 이것 좀 보세요!"

"어머나, 이걸 어째?"

엄마가 눈살을 찌푸리며 서준이에게 다가왔다. 그러고는 검정색 비닐봉지를 꺼내 들더니 감자를 달라고 했다.

"예쁘지 않아요, 엄마?"

"싹 튼 감자는 먹는 거 아니야."

엄마가 말했다. 서준이는 당황스러웠다.

"왜요?"

"감자 싹에는 독이 있거든. 잘못 먹으면 병 나."

엄마는 베란다 항아리에서 남아 있는 감자를 몽땅 꺼냈다. 그러고는 작은 칼로 감자에 난 싹을 깊게 도려냈다. 엄마를 쉬게 하려 했는데, 도리어 일감만 만들어 버렸다. 서준이는 엄마 옆에 바짝 붙어 앉았다.

"예쁜데, 아깝다."

"이게 예뻐?"

감자 싹을 도려내다 말고 엄마가 싱긋 웃었다. 서준이도 엄마를 따라 싱긋 웃으며 고개를 끄덕였다.

"그래. 하얀 줄기에 보라색 싹이 터서 예뻐 보일 수도 있겠다. 하지만 보이는 게 전부는 아니야. 알지?"

엄마가 길게 말했다. 엄마에게 예쁜 감자를 선물하지는 못했지만, 엄마의 말문을 트여 놓는 데는 성공했다.

"겉보기에는 예뻐도 덥석 먹었다가는 장염 걸리기 딱 좋아. 어쩌면 그보다 더 큰 병에 걸릴 수도 있어."

"먹는 것도 조심해야 하는구나."

서준이가 혼잣말하듯 중얼거렸다.

"당연하지. 그나저나 우리 학교 아이들은 왜 한꺼번에 장염에 걸린 걸까?"

엄마의 생각은 또 학교에 나오지 못한 아이들에게로 향했다.

"뭔가를 조심하지 않고, 덥석 먹어 버린 거 아닐까요?"

"그렇겠지. 그런데 그게 도대체 뭘까?"

엄마의 얼굴에 다시 걱정이 스몄다.

서준이는 엄마가 베어 놓은 보라색 감자 싹을 물끄러미 바라보다가 음식물 쓰레기봉투에 휙 넣어 버렸다. 학교 아이들을 아프게 하고 엄마를 걱정시키고 있는 무엇인가가 마치 감자 싹이라도 되는 듯이 아주 매정한 손길이었다.

이튿날 아침 서준이는 엄마와 집을 나섰다. 평소보다 40분이나 이른 시간이었다. 엄마는 서준이에게 조금 더 자고 천천히 학교에 오라고 했다. 하지만 서준이는 그러고 싶지 않았다. 지난 밤 꿈에 아빠가 나타났기 때문이다. 엄마가 힘들어하는 걸 아빠도 아는 눈치였다.

'내가 엄마를 지켜 줄게요.'

서준이는 엄마 손을 꼭 잡고 하늘을 올려다보았다. 아빠가 흐뭇한 얼굴로 서준이를 내려다볼 것 같았다.

"도서실에 가 있을래?"

급식실 앞에서 엄마가 걱정스럽게 서준이를 보았다. 서준이는 걱정 말라며 호탕하게 웃었다. 하지만 속으로는 어디에서 시간을 보낼까 셈하느라 바빴다. 다행히 엄마는 서준이의 속내를 알아채지 못했다. 엄마의 일이 급한 탓이었다.

서준이는 일단 도서실로 걸음을 옮겼다. 하지만 자꾸 급식실 일이 궁금했다. 엄마가 말한 식품 조사 위원은 누구인지, 무엇을 어떻게 조사한다는 건지도 궁금했다. 아이들이 결석을 한 건 하루 전이고, 학교에서 무엇인가를 잘못 먹었다면 그 역시도 하루 전에 있었던 일이었다.

도서실 입구에서 서준이는 휴대 전화를 열었다. 그러고는 진혁이에게 전화를 걸었다. 아침을 먹다 받았는지 진혁이 대답은 우물우물했다.

"나 학교야."

"왜 이렇게 일찍 갔냐?"

진혁이가 밥을 마저 삼키고 물었다.

"일이 있어서 일찍 왔어."

"무슨 일인데?"

진혁이가 관심을 보였다. 하지만 서준이는 아무 말도 할 수 없었다. 급식실 앞에 나타난 낯선 사람들 때문이었다.

"이따 얘기해 줄게. 얼른 와."

서준이는 서둘러 전화를 끊고, 급식실 쪽으로 몸을 돌렸다. 낯선 사람들 사이에는 교감 선생님도 있었다. 아니 교감 선생님이 낯선 사람들을 급식실로 안내하고 있었다. 엄마가 하얀 가운을 입고 급식실에서 튀어나왔다. 그러고는 낯선 사람들에게 고개 숙여 인사를 했다.

아무래도 얌전히 도서실에 들어가 있을 수는 없을 듯했다. 서준이는 살금살금 몸을 움직여 급식실로 다가갔다. 엄마와 교감 선생님의 뒤로 세 명의 어른이 들어가는데, 그중에 낯익은 얼굴이 있었다. 가지런하게 뒤로 넘긴 머리카락과 덥수룩한 수염!

"어, 왁자지껄 병원 선생님이 왜 저기에 있지?"

서준이는 의사 선생님에게 다가가 아는 척을 하고 싶었다. 의사 선생님은 아이들이 무엇인가를 궁금해하고, 질문하는 걸 즐기는 것 같았으니까. 그리고 꽤나 친절하게 대답도 해 줬었다.

서준이는 최대한 몸을 낮춰 급식실로 들어갔다.

교감 선생님을 따라 온 세 명의 어른들 가운데 한 명은 엄마와 교감 선생님이랑 이야기를 나누느라 바빴다. 나머지 두 사람 중 한 사람, 그러니까 왁자지껄 병원의 의사 선생님은 면봉을 들고 다니며 급식실 구석구석을 문질렀다. 그러고는 면봉을 따라다니는 누군가에게 긴넸다. 자세히 보니 그 사람은 간호사 형이었다.

서준이는 몸을 바짝 낮춘 다음 발 빠르게 의사 선생님이 있는 쪽으로 다가갔다.

"뭐 하시는 거예요?"

서준이는 의사 선생님이 바지를 잡아끌며 나시막한 소리로 물었다. 의사 선생님이 놀란 눈으로 서준이를 내려다보았다. 간호사 형이 눈치도 없이 손을 번쩍 들어 올렸다. 교감 선생님을 부르려는 듯했다. 다행히 의사 선생님이 간호사 형의 팔을 잡았다.

"여긴 무슨 일로 왔니?"

파스퇴르 선생님이 키를 낮추고 서준이와 눈을 맞췄다.

"저……."

서준이는 슬쩍 고개를 들어 엄마를 보았다. 엄마는 교감 선생님과 낯선 어른에게 무엇인가를 심각한 얼굴로 설명하고 있었다.

"우리 엄마예요."

서준이의 말에 파스퇴르 선생님이 고개를 돌려 엄마를 보았다.

"또 주세요."

간호사 형이 퉁명스럽게 손을 내밀었다. 파스퇴르 선생님에게 면봉을 달라는 거였다. 파스퇴르 선생님은 다시 몸을 일으켜 면

봉으로 무엇인가를 쓱 문지르고는 간호사 형에게 건넸다.

"뭐 하시는 거냐고요?"

서준이가 파스퇴르 선생님 뒤를 졸졸 따라가며 물었다.

"미생물 조사를 하기 위해 샘플을 챙겨 가는 거란다."

파스퇴르 선생님도 나지막한 목소리로 말했다. 서준이가 고개를 갸웃거렸다.

"미생물이 어디 있는데요?"

"사람 눈에는 보이지 않지만, **미생물은 우리가 생활하는 모든 곳에 다 있단다.**"

파스퇴르 선생님은 친절하게 대답하면서도 부지런히 면봉에 미생물을 묻혀 간호사 형에게 건넸다. 파스퇴르 선생님처럼 미색 고무장갑을 낀 간호사 형은 파스퇴르 선생님에게서 건네받은 면봉을 샬레에 넣고, 그 위에 작은 메모지를 붙였다. 어디에서 묻힌 미생물 샘플인지 적어 놓는 듯했다.

"눈에 보이지 않는 미생물을 어떻게 조사해요?"

"현미경으로 보면 다 보이거든!"

서준이의 물음이 답답하다는 듯이 간호사 형이 퉁명스레 말했다. 현미경이라면 서준이도 알고 있는 과학 기구였다. 현미경을 이용하면 아주 작은 것도 몇 백 배 이상 확대해서 볼 수 있다. 하지만 또 궁금한 게 생겼다.

"친구들이 장염에 걸렸는데 왜 미생물을 조사하는 거예요?"

"답답아, 그럼 뭘 조사하냐?"

간호사 형이 냅다 소리를 질렀다. 그러는 통에 교감 선생님과 옆에 있던 어른의 눈길이 간호사 형에게로 쏠렸다. 그리고 자연스럽게 서준이와 눈이 마주쳤다. 교감 선생님과 마주 서 있던 엄마가 놀란 눈으로 서준이를 보았다.

"하하, 제 조수의 조수입니다. 염려 마십시오."

파스퇴르 선생님이 허허 웃으며 손을 저었다. 교감 선생님이 고개를 갸웃거렸다.

"과학에 관심이 많은 아이이지요. 잠깐만 구경하고 간다기에 들어오라고 했습니다. 이제 곧 나갈 겁니다. 그렇지?"

파스퇴르 선생님이 서준이를 향해 눈을 찡긋거렸다. 서준이는 얼굴을 붉힌 채 서둘러 급식실을 빠져나왔다. 엄마의 얼굴이 궁금했지만 뒤도 한 번 돌아보지 않았다.

범인은 김치?
•김치는 부패가 아닌 발효를 한다•

진혁이는 평소보다 오 분쯤 일찍 교실에 들어왔다. 그러고는 부리나케 서준이 옆자리에 앉았다. 오늘도 수호는 오지 않았다.

"왜 그렇게 일찍 온 거야?"

진혁이는 궁금해 죽겠다는 표정으로 서준이를 보았다. 서준이는 내내 엄마를 생각했다. 교감 선생님이랑 처음 보는 어른이랑 나누던 이야기가 무엇인지 궁금했다. 그리고 파스퇴르 선생님도 떠올랐다. 지금쯤이면 미생물 샘플을 긷어 가는 작업이 끝났을까 싶었다.

"김서준, 너 뭐 하냐?"

진혁이가 서준이의 팔을 툭 치며 불퉁거렸다. 그제야 서준이는 진혁이를 바라보았다.

"아침에 파스퇴르 선생님 왔었다."

"파스퇴르 선생님이라니, 누구?"

"왁자지껄 병원!"

진혁이 눈이 동전처럼 동그래졌다.

"파스퇴르 선생님이 어딜 왔다고?"

"학교."

"학교? 우리 학교?"

진혁이가 연거푸 물었다. 서준이는 고개를 끄덕였다.

"파스퇴르 선생님이 왜 아침부터 학교에 왔대?"

서준이는 대답 대신 씩 웃었다. 진혁이가 궁금해서 어쩔 줄 몰라 하는 게 웃겼다. 그리고 한편으로는 뿌듯했다. 하룻밤 사이에 혼자만 어른이 된 것 같았다.

"김서준!"

진혁이가 또 앵돌아졌다. 서준이가 진혁이를 조금만 더 약을 올릴까 고민하는 순간 제각각 흩어져 있던 아이들이 빠르게 제자리를 찾아갔다. 담임 선생님이 오는 모양이었다. 진혁이는 아랫입술을 불뚝 내민 채 자리로 돌아갔다. 서준이는 얼른 휴대 전화를 열어 진혁이에게 문자를 보냈다.

장염 때문에 급식실이 조사를 받았는데,
파스퇴르 선생님이 조사 위원으로 왔었어.

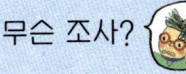

득달같이 진혁이가 답을 보냈다. 서준이는 담임 선생님의 눈치를 힐끗 살피고 답을 적었다.

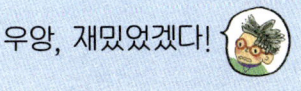

서준이는 고개를 돌려 진혁이를 보았다. 진혁이 얼굴에 아쉬움이 가득했다. 불뚝불뚝 피어올랐던 화는 어느새 사라진 듯했다.

1교시 수업이 끝나기가 무섭게 진혁이는 서준이에게 달려왔다. 우당탕 소리가 요란해서 하마터면 담임 선생님에게 꾸지람을 들을 뻔했다. 진혁이는 힐끔 담임 선생님의 눈치를 살피고, 재빨리 서준이에게 말했다.

"미생물 조사는 어떻게 하는 거야?"

수업 시간 내내 진혁이는 미생물 조사만 생각했을 게 뻔했다. 진혁이의 반짝거리는 눈만 봐도 서준이는 알 수 있었다.

서준이는 "흠!" 하고 헛기침을 하고는 아침에 보았던 미생물 조사 과정을 느릿느릿 설명했다. 서준이의 설명을 들으며 진혁이는 주먹을 불끈 쥐었다 폈다 난리를 부렸다.

"아깝다! 내가 일찍 왔어야 하는데!"

서준이의 설명이 끝나자, 진혁이는 머리를 쥐어뜯으며 괴로워했다. 축구 시합에서 페널티킥을 실축했을 때보다 더 억울한 표정도 지어 보였다.

"그 정도로 대단해 보이지는 않았어."

진혁이가 안쓰러워서 서준이는 별스럽지 않았다고 말을 덧붙였다. 그래도 진혁이는 아쉬워 어쩔 줄을 몰라 했다.

다시 수업이 이어졌다. 서준이는 비어 있는 옆자리를 힐끔힐끔 쳐다보며 수업을 들었다. 수호의 상태는 나아졌는지 궁금했다. 쉬는 시간이 되면 담임 선생님에게 물어봐야겠다고 생각했다. 하지만 쉬는 시간이 시작되자마자 진혁이가 쏜살같이 서준이 옆에 들러붙었다.

"우리도 미생물 조사하자!"

진혁이가 뚱딴지같은 말을 했다. 서준이는 두 눈을 슴벅이며 진혁이를 보았다.

"아침에는 급식실 안만 조사해 갔을 거 아니야. 우리는 음식을 조사하자."

"음식을 어떻게 조사해?"

서준이가 눈썹을 찌푸렸다.

진혁이가 방법이 있다며 눈을 찡긋거렸다. 진혁이가 도대체 무슨 생각을 하는지 서준이는 알 수 없었다. 진혁이는 서준이의 어깨를 토닥거리고는 자리로 돌아갔다.

4교시 수업을 마치고, 진혁이는 다시 서준이 옆에 바짝 붙었다. 그러고는 과학 시간에 쓰던 커다란 돋보기를 내밀었다.

"이걸로 미생물을 찾아보는 거야."

진혁이의 말에 서준이는 피식 웃었다.

"미생물은 사람의 눈으로는 볼 수 없댔어."

"알아. 그러니까 돋보기로 찾아보자고."

진혁이가 자신만만하게 말했다. 서준이는 고개를 저었다.

"현미경으로 봐야 한대."

서준이는 아침에 파스퇴르 선생님에게 들었던 말을 진혁이에게 전했다. 진혁이의 어깨가 금세 축 늘어졌다.

"미생물, 나도 보고 싶은데……."

진혁이는 급식실로 향하며 내내 혼잣소리했다. 서준이는 아무 말 없이 발걸음만 옮겼다. 지금은 엄마의 얼굴이 어떨까 궁금했다.

급식실은 일찌감치 점심을 먹고 나오는 저학년 아이들과 이제 막 점심을 먹으러 들어가는 고학년 아이들로 복작거렸다. 서준이는 4학년 줄 끄트머리에 선 채 목을 길게 뺐다. 조금이라도 빨리 엄마를 보고 싶었다. 하지만 급식실은 너무나 복잡했다.

배식대 앞에 다가가자 엄마가 보였다. 느슨하게 묶어 올린 머리 위로 머리띠를 두르고 하얀 가운을 입은 엄마는 평소처럼 배식대 옆에 서서 아이들과 아이들이 덜어 가는 음식을 번갈아 보고 있었다.

"안녕하세요?"

서준이 앞에서 진혁이가 엄마를 향해 목청껏 인사를 건넸다.

엄마가 엷게 미소를 지어 보였다. 평소랑 크게 다르지 않은 모습이었다. 하지만 서준이 눈에는 달라 보였다. 엄마는 핏기 하나

없는 얼굴로 배식대를 있는 힘껏 잡고 있었다. 배식대가 없으면 엄마는 금방이라도 쓰러질 것 같았다.

"괜찮아요?"

서준이가 작은 소리로 물었다.

엄마는 진혁이에게 그랬던 것처럼 희미하게 웃으며 고개를 끄덕였다. 서준이는 아랫입술을 질끈 깨물고, 조리사 아주머니가 건네주는 음식을 받았다. 조리사 아주머니의 얼굴도 편해 보이지 않았다. 서준이는 진혁이 옆자리로 성큼성큼 걸어왔다.

"너희 엄마, 괜찮으신 것 같은데?"

진혁이가 소고기 뭇국을 한술 떠먹으며 서준이에게 물었다.

서준이는 아무 말도 하지 않았다. 방금 전에 서준이가 엄마에게 건넨 질문은 잘못된 것이었다. 엄마는 하나도 괜찮아 보이지 않았다. 그걸 알고 있으면서 어떻게 괜찮으냐고 물어볼 수 있었는지, 서준이는 스스로가 한심했다.

"야, 이거 냄새 좀 맡아 봐."

진혁이가 멍하게 앉아 있는 서준이 눈앞으로 빨간 김치 한 조각을 툭 내밀었다. 자기도 모르게 서준이는 얼굴을 찌푸리며 몸을 뒤로 뺐다.

"냄새가 이상하지?"

진혁이가 확인하려는 듯 물었다. 서준이는 말없이 인상만 썼다.

"아무래도 김치가 범인 같아."

"갑자기 무슨 범인?"

범인이라는 말은 서준이가 평소에 자주 쓰는 말이었다. 그런데 오늘은 생뚱맞게 진혁이가 범인을 찾았다.

"수호 배를 아프게 한 음식 말이야. 이 김치가 분명하다고."

진혁이는 날카로운 과학자 아니, 형사라도 된 것처럼 김치를 쏘아보았다.

"어째서?"

서준이가 물었다. 진혁이가 서준이를 향해 고개를 돌렸다.

"냄새가 이상하다니까. 너, 상한 음식은 냄새부터 달라지는 거 알지?"

이번에는 진혁이가 서준이에게 물었다. 서준이는 고개를 한 번 끄덕였다.

"이 김치도 냄새가 이상해. 그날도 김치 먹었잖아. 분명히 이게 범인이야."

"설마……."

엄마는 아침마다 급식실로 배송되어 오는 음식물과 재료들을 하나하나 끄집어내고, 유통 기한과 원산지를 꼼꼼하게 확인했다.

그런 엄마가 상한 김치를 전교생 앞에 내어놓았다고? 절대 그럴 리 없었다.

"조사해 봐야 해. 아침에는 김치가 오기 전이라 분명히 식품 조사 위원들이 못 봤을 거야."

진혁이는 탁자에 있는 휴지를 꺼냈다. 그 위에 김치 한 조각을 올려놓고 돌돌 말았다. 하얀 휴지에 김칫국물이 붉게 물들었다.

"그걸 어쩌려고?"

서준이가 얼굴을 구기며 진혁이에게 물었다.

"수업 끝나고 왁자지껄 병원에 가자."

진혁이는 왁자지껄 병원의 파스퇴르 선생님이 참 미더운 모양이었다.

"갑자기 병원은 왜?"

"파스퇴르 선생님이 식품 조사 위원이라면서?"

진혁이가 고개를 빳빳이 세웠다. 그러고는 다시 말을 이었다.

"아침에는 이 김치를 못 봤을 테니까 우리가 갖다 주자. 그리고 같이 조사를 해 보는 거야."

"김치 때문에 장염이 생긴 건지 조사해 보자고?"

서준이 말에 진혁이는 고개를 끄덕였다.

"김치 때문이었으면 나도 입원해 있어야 하는데?"

서준이가 퉁명스레 말했다. 진혁이가 고개를 갸웃거리며 무엇인가를 골똘히 생각했다. 그러고는 답을 낸 듯 서준이에게 말했다.

"그러면 그것도 파스퇴르 선생님에게 물어보자."

어찌 되었든 진혁이는 김치를 들고 왁자지껄 병원에 가 보자고 했다.

"혹시 아냐? 이 김치가 너의 엄마를 어려움에서 구해 주게 될지."

진혁이가 목소리에 힘을 주었다.

서준이는 배식대 쪽으로 고개를 돌렸다. 핏기 하나 없이 위태롭게 서 있는 엄마가 보였다.

"정말로 엄마를 구해 낼 수 있을까?"

"우리는 못 하더라도 파스퇴르 선생님은 할 수 있을 거야!"

진혁이의 목소리가 바위처럼 단단했다.

넷날아 서준이도 힘이 불끈 났다. 서준이는 진혁이를 보며 싱긋 웃었다. 그리고 자신의 식판에 있는 빨간 김치도 하얀 휴지에 돌돌 말았다.

수업이 끝나기가 무섭게 서준이는 진혁이와 함께 교실을 빠져나왔다. 점심시간에 잠깐 담임 선생님에게 물어보니 수호는 아직 홍익병원에 입원해 있다고 했다. 짝꿍으로서 병문안을 먼저 가는 게 맞을 것 같았지만, 지금은 그럴 때가 아니었다. 우선은 엄마를 고통에서 벗어나게 해 주고 싶었다. 그러려면 수호랑 여러 친구들이 왜 장염에 걸렸는지 이유를 알아내야 했다.

왁자지껄 병원에는 어제와 마찬가지로 손님 아니, 환자가 없었다. 아무리 새로 생긴 병원이라고 해도 어쨌거나 병원인데, 서준이와 진혁이 말고는 찾아온 사람이 없는 것 같아 조금 안쓰러운 생각이 들었다.

어제처럼 접수대에 앉아 휴대 전화로 게임을 하고 있던 간호사 형이 서준이와 진혁이를 보고는 눈을 휘둥그레 떴다. 그러고는 어제처럼 친절하지 않은 목소리로 물었다.

"무슨 일로 왔니?"

간호사 형의 질문에 서준이와 진혁이는 우물거리며 서로 눈치만 살폈다.

"무슨 일로 왔느냐니까?"

"파스퇴르 선생님 좀 뵈려고요."

서준이가 용기를 냈다.

"파스퇴르 선생님은 한가한 분이 아니야."

간호사 형이 고개를 돌려 버렸다.

"아침에 급식실 조사를 저 때문에 제대로 못 했다고 교감 선생님께 다 말할 거예요!"

협박이라도 하듯 시준이가 목청을 높였다. 간호사 형이 기가 막힌다는 표정을 지으며 서준이를 보고 코웃음을 쳤다. 별로 효과가 없는 작전인 듯했다.

"파스퇴르 선생님께 꼭 보여 드릴 게 있어서 그래요. 저희가 조사에 도움이 될 수도 있다고요."

이번에는 진혁이가 나섰다. 서준이와는 달리 간호사 형에게 매달리며 사정하는 투였다.

진혁이의 작전이 통했는지 간호사 형이 자리에서 일어났다. 그러고는 진료실로 들어갔다가 곧장 문을 열었다. 들어가도 된다는 신호였다.

"자주 보는구나!"

파스퇴르 선생님이 활짝 웃으며 서준이와 진혁이를 반겼다.

"학교 급식실을 조사하는 데 도움을 주겠다고?"

짧은 시간 동안 간호사 형은 서준이와 진혁이가 찾아온 이유를 파스퇴르 선생님에게 제대로 전한 모양이었다. 서준이와 진혁이는 별다른 설명 없이 가지고 온 김치 조각을 파스퇴르 선생님 앞에 내밀었다.

"아유, 냄새! 이게 뭐니?"

파스퇴르 선생님이 코를 말아 쥐며 고개를 돌렸다. 진혁이가 말했다.

"냄새가 이상하지요?"

"김치 냄새잖니?"

파스퇴르 선생님이 코를 꽉 쥐고 있던 손가락을 풀고, 진혁이를 보았다.

"김치가 상한 것 같아요. 친구들이 이걸 먹고 배가 아픈 것 같다고요."

"상한 걸 먹으면 배탈이 나는 거잖아요."

서준이가 서둘러 말을 보탰다.

"물론 그렇지. 하지만 이 김치는 상하지 않았단다."

파스퇴르 선생님이 허허 웃었다.

"상한 것 같아요. 일단 냄새도 시큼하고요, 전에 먹었을 때보다 훨씬 물렁해진 것 같아요."

진혁이가 김치가 상했다는 증거를 조목조목 붙였다.

파스퇴르 선생님은 싱글거리며 고개를 가로저었다. 그리고 차근차근 말했다.

"음식물에 미생물이 들어오면 음식물의 형태가 변하게 된단다. 이때 세균처럼 해로운 미생물이 들어온 것이라면 너희들 말대로

음식이 상하게 되지. 다른 말로는 부패했다고도 한단다."

"그럼 김치가 부패한 거예요?"

이번에는 서준이가 물었다.

파스퇴르 선생님이 다시 고개를 저었다.

"김치의 경우는 부패가 아닌 발효를 한단다. 발효는 김치 말고도 포도주나 치즈와 같은 음식에서도 나타나는데, 세균이 아닌 효모라는 미생물이 들어와서 생기는 현상이지. 부패가 아닌 발효가 일어날 경우, 음식의 맛과 영양이 더 좋게 변하는 거란다."

파스퇴르 선생님이 말을 마쳤다. 하지만 서준이와 진혁이는 이해하기 어려웠다.

"김치가 부패가 아니라 발효가 된 거라고, 누가 그래요?"

서준이가 따지듯이 물었다.

"부패한 음식물을 먹었으면 너희들도 배탈이 났겠지. 하지만 김치는 아주 오래 전부터 선조들이 먹어 온 발효 음식이란다. 미생물에 의해 발효의 과정을 거치면서 우리 몸에 더 유익한 음식으로 바뀌었지."

파스퇴르 선생님의 말대로 김치는 서준이와 진혁이도 오래 전부터 먹어 온 음식이었다.

서준이가 휴지에 돌돌 말아온 김치 냄새를 다시 맡아 보니 평소에 먹던 김치보다 조금 더 시큼한 정도였다. 김치는 부패한 게 아니라 발효가 더 진행된 거라는 파스퇴르 선생님의 말이 맞을 것 같았다. 어쨌든 초원초등학교에서 일어난 장염 사건의 범인은 김치가 아닌 게 분명했다.

가설

[수호의 증언이 필요해]
•과학은 끊임없는 가설의 검증으로 완성된다•

진료실을 차지한 채 서준이와 진혁이는 아무 말 없이 한숨만 푹푹 내쉬었다. 그 모습을 파스퇴르 선생님도 가만히 지켜보았다. 서준이와 진혁이 다음으로 다른 환자가 있었더라면 이렇게 오래 앉아 있는 것이 불가능했을 것이다. 다행인지 불행인지 왁자지껄 병원에는 환자가 없었다.

"궁금한 게 있는데요."

한참동안 머리를 굴리던 서준이가 파스퇴르 선생님을 보았다. 파스퇴르 선생님은 기다렸다는 듯 서준이를 향해 고개를 돌렸다.

"아침에 학교 급식실에서 미생물 조사하셨잖아요."

"그래, 샘플을 채취해 조사실에 넘겼지."

파스퇴르 선생님이 거침없이 대답했다.

"여기에서 조사하시는 거 아니에요?"

"여긴 너희들도 보다시피 병원이잖아. 미생물 조사 및 연구는 담당 조사실에서 하는 거란다."

파스퇴르 선생님의 말에 서준이와 진혁이는 고개를 주억거렸다. 파스퇴르 선생님 말대로 이곳은 병원이었다. 환자가 한 명도 없는.

서준이와 진혁이는 맥 빠진 표정으로 고개를 숙였다. 파스퇴르 선생님이 싱긋 웃으며 말했다.

"뭔가를 알아내고 싶다면 가설을 세워라."

"가설이오?"

서준이가 고개를 반짝 들었다. 진혁이도 눈을 빛내며 파스퇴르 선생님을 보았다.

"어떤 사실을 증명하기 위해 임시로 세우는 설정을 가설이라고 하지."

"그걸 왜 세우라는 거예요?"

서준이가 고개를 갸웃 기울이며 파스퇴르 선생님을 보았다.

"너희가 알아내려는 것을 확인하기 위해서 필요하지."

파스퇴르 선생님은 확신에 찬 목소리로 말했다. 이번에는 진혁이가 물었다.

"가설은 어떻게 세우는데요?"

"너희가 의심하고 있는 것이 가설이 될 수 있어. 예를 들자면 너희는 오늘 '김치가 상해서 친구들이 장염에 걸렸을 것이다.'라고 생각했잖니?"

파스퇴르 선생님의 물음에 서준이와 진혁이는 고개를 끄덕였다. 파스퇴르 선생님이 말을 이었다.

"바로 그런 게 가설이란다. 다만 너희들이 세운 가설은 틀린 거였지."

"그럼 이제 어떻게 해야 해요?"

"또 다른 가설을 세워야지. 그런 다음 그걸 실제로 입증해 내는 과정을 거쳐야 해. **과학은 끊임없이 가설을 검증하면서 완성된단다.**"

"아, 뭔가 엄청 어려운 것 같다."

서준이는 어깨를 축 늘어뜨리며 옆머리를 벅벅 긁었다. 파스퇴르 선생님의 말은 그럴듯했지만 실행할 자신이 없었다. 하지만 진혁이는 조금 달랐다. 파스퇴르 선생님의 말을 곱씹으며 무엇인가를 골똘히 생각하는 눈치였다.

"넌 할 수 있을 것 같아?"

서준이가 축 처진 목소리로 물었다.

"일단 가설을 세워 봐야지. 과학적으로 검증할 수 있는 가설!"

"어떻게?"

"그것을 고민하는 과정이 과학의 첫 단계지."

파스퇴르 선생님이 명쾌하게 설명했다. 마치 의사 선생님이 아니라 과학자 같았다.

서준이가 아랫입술을 불뚝 내밀며 말했다.

"의사하지 말고, 과학자를 하지 그러셨어요?"

"의학도 과학의 한 분야인 걸 몰랐니?"

파스퇴르 선생님은 껄껄껄 웃었다. 말 한마디로 바보가 된 것 같아 서준이는 마음이 상했다. 서준이는 얼굴을 붉히고 고개를 숙였다.

"이런 가설은 어때요?"

진혁이가 목청을 높였다. 서준이는 고개를 들고 진혁이를 쳐다보았다.

"수호는 먹는 걸 좋아한다. 그러니까 수호는 학교가 아니라 집에서 상한 음식을 먹었을 수 있다."

"그건 아니지."

서준이가 툭 말을 뱉었다.

"수호 말고도 장염으로 입원한 학생들이 더 있잖아."

서준이의 말에 진혁이는 고개를 끄덕였다. 파스퇴르 선생님이 둘 사이로 얼굴을 드밀었다.

"입원한 사람들의 연관 관계를 찾으면 어떻게 될까?"

"그게 가설이에요?"

서준이가 파스퇴르 선생님을 바라보았다. 파스퇴르 선생님은 아니라며 손을 저었다.

"그건 아니고, 너희가 합리적인 가설을 세우는 과정이지."

파스퇴르 선생님은 무안한 듯 책상 쪽으로 몸을 돌려 앉았다. 서준이가 히죽 웃으며 파스퇴르 선생님에게 다가갔다.

"선생님이 우리를 도와주실래요?"

진혁이도 서준이 옆에 딱 달라붙어 파스퇴르 선생님을 보았다. 두 아이늘은 파스퇴르 선생님에게 도와 달라고 막무가내로 조르기 시작했다. 파스퇴르 선생님이 크게 헛기침을 했다. 그러자 간호사 형이 놀란 얼굴로 진료실 문을 열었다.

"파스퇴르 선생님, 무슨 일이세요?"

"아무 일도 아니야. 걱정 말고 하던 거 마저 해."

파스퇴르 선생님은 아무렇지 않은 얼굴로 간호사 형을 내보냈다. 간호사 형은 고개를 갸웃거리다가 서준이와 진혁이를 한 번씩 쏘아보고는 진료실을 나갔다.

"도와주시는 거죠?"

서준이가 다시 한 번 물었다. 파스퇴르 선생님이 싱긋 웃으며 서준이와 진혁이에게 말했다.

"우선은 입원한 아이들이 누군지 알아봐야겠지. 그리고 아이들이 공통적으로 먹은 음식을 찾아보는 거야."

"이건 과학을 하는 게 아니라 수사를 하는 것 같아요."

서준이가 목청을 높이며 신바람을 냈다. 서준이는 평소에 아빠처럼 경찰관이 되고 싶었다.

"사건을 해결하는 힘도 결국 과학에서 나오지."

파스퇴르 선생님은 벌써 큰일을 해결한 것처럼 목소리에 힘을 줬다.

"그것 봐. 과학이 최고라니까!"

진혁이도 신이 난 듯 싱글거렸다. 서준이는 과학이 최고든 아니든 상관없었다. 서준이의 활약으로 엄마가 어려움에서 벗어날 수 있기만을 바랐다.

"그럼 이런 가설은 어때요? 수호랑 입원한 사람들은 모두 같은 음식을 먹었을 것이다!"

수호랑 입원한 사람들은 모두 같은 음식을 먹었을 것이다!

"그럴듯해!"

서준이의 말에 파스퇴르 선생님이 엄지손가락을 세웠다.

"우선은 입원한 아이들을 만나 봐야겠다."

"입원한 아이들이 누군지부터 알아봐야지."

진혁이가 서준이의 말을 받았다. 둘의 마음이 하나로 합쳐진 듯했다.

"서둘지는 말아라. 서두르다 보면 중요한 것을 놓칠 수 있어."

파스퇴르 선생님이 멋지게 마무리를 했다.

"궁금한 거 있으면 또 올게요!"

서준이가 자리에서 일어서며 큰 소리로 말했다. 파스퇴르 선생님은 언제든지 찾아오라고 답했다.

서준이는 엄청난 지원군을 얻은 듯했다. 금방이라도 사건을 해

결하고, 엄마의 웃는 얼굴을 되찾을 수 있을 것 같았다. 서준이는 신이 나서 왁자지껄 병원을 나섰다. 그러고는 엄마에게 문자 메시지를 남겼다.

 수호가 입원한 병원에 문병 다녀올게요. 사랑하는 아들.

진혁이도 서준이처럼 엄마에게 문자 메시지를 남겼다. 엄마들은 흔쾌히 오케이 사인을 보냈다. 서준이와 진혁이는 마음 놓고 큰길 사거리에 있는 홍익병원을 찾아갔다.

수호의 병실은 쉽게 찾을 수 있었다. 병원 입구에 있는 안내 창구에 환자 이름을 대니, 직원이 단박에 알려줬다. 서준이와 진혁이는 씩씩하게 410호실로 들어섰다.

"역시 의리의 김서준, 왔구나!"

수호는 링거 주사를 맞으면서도 목소리가 쩌렁쩌렁했다. 주사를 뽑고 환자복을 벗으면, 누구도 수호가 환자라고 믿을 것 같지 않았다.

"너희가 여긴 웬일이니?"

수호 엄마가 떨떠름한 목소리로 서준이와 진혁이를 맞았다.

"짝꿍이 아파서 입원해 있는데 당연히 와야죠!"

수호가 히죽거리며 서준이와 진혁이를 보았다. 어지간히 심심했던 모양이있다.

수호 엄마가 수호에게 종주먹을 을러메더니 자리에서 일어났다. 그러고는 서준이와 진혁이에게 오렌지 주스를 한 병씩 건넸다.

"아줌마 잠깐 나갔다 올 테니까 너무 시끄럽게는 하지 마렴. 옆에 다른 환자도 있으니까."

곧 수호 엄마는 병실을 빠져 나갔다. 서준이와 진혁이는 각각 침대 끝과 침대 옆 의자에 얌전히 자리를 잡았다.

"많이 아프냐?"

오렌지 주스를 한 모금 마시고 서준이가 물었다. 수호의 얼굴이 금세 일그러졌다.

"아픈 것보다……"

수호가 무슨 말을 하려나 싶어 서준이와 진혁이는 빤히 수호를 바라보았다. 수호가 말을 이었다.

"배고파서 죽을 것 같아."

수호는 얼굴을 일그러뜨리며 죽을 것처럼 괴로운 표정을 지어 보였다. 혀를 삐죽 내밀었다가 눈을 뒤집었다가 난리도 아니었다. 서준이와 진혁이는 수호를 보며 깔깔 웃었다. 역시 수호는 웃음 제조기였다.

"애들아, 여긴 병원이야!"

가까이 있었는지 수호 엄마가 부리나케 뛰어 들어왔다. 서준이와 진혁이는 얼른 입을 막았다. 그래도 한 번 터진 웃음은 좀처럼 수습하기 어려웠다.

"이렇게 떠들지 말고 나중에 오렴. 수호는 오늘내일 안정을 취하면 퇴원할 수 있다니까, 나중에 집으로 와. 응?"

수호 엄마가 서준이와 진혁이를 병실 밖으로 내몰았다. 서준이와 진혁이는 결국 수호에게 아무것도 묻지 못하고 병실에서 밀려 나왔다.

"맞다, 수호한테 물어볼 게 있었지!"

엘리베이터에 오른 다음에야 서준이는 병원에 왔던 진짜 이유가 생각났다. 이대로 돌아갈 수 없었다. 서준이와 진혁이는 다시 410호를 찾았다.

"애들이 나중에 오라니까······."

수호 엄마가 두 눈을 매섭게 치떴다.

"수호한테 꼭 물어볼 게 있어서요."

서준이가 얼른 말을 붙였다. 수호 엄마는 짧게 물어보고 돌아가라고 했다.

서준이와 진혁이는 수호 앞에 우뚝 섰다.

"너랑 같은 날 입원한 애들이 누군지 알아?"

서준이의 물음에 수호는 눈썹을 찡그렸다. 그러고는 자기 엄마를 물끄러미 바라보았다.

"그, 그걸 수호가 어떻게 아니? 별 걸 다 물어보네."

수호 엄마가 못마땅한 듯 혀를 끌끌 찼다.

"그럼 그날, 집에서 뭐 먹었는지 기억나?"

이번에는 진혁이가 물었다. 그러자 수호 엄마가 수호 앞을 막아섰다.

"그게 왜 궁금하니?"

"학생들이 갑자기 장염에 걸려서 입원을 하는 바람에 영양 교사인 저의 엄마가 힘들어졌거든요."

서준이는 숨김없이 사실을 밝혔다. 수호 엄마가 얼굴을 붉히며 말했다.

"오호라, 그러니까 너의 엄마가 시켜서 왔구나?"

"그건 아니고요."

"아니긴 뭐가 아니야?"

수호 엄마가 서준이의 말을 똑 끊어 버렸다. 그러고는 서준이와 진혁이를 다시 밀어냈다.

"어쩌다가 아이들이 장염에 걸렸는지는 학교에서 다 알아볼 테니까 너희는 쓸데없는 걱정 말고 집에 가서 숙제나 해."

수호 엄마의 손길이 매서웠다. 서준이랑 진혁이의 힘으로는 버텨 낼 수가 없었다.

"엄마가 시킨 게 아니라 제가 궁금해서 그래요!"

엘리베이터 앞까지 밀려난 뒤에야 서준이는 속에 있는 말을 끄집어냈다. 그래도 수호 엄마는 아무 말도 듣지 않겠다는 듯 등을 돌려 버렸다. 쿵쿵거리며 병실로 들어가는 수호 엄마는 수호를 지키는 병사 같았다.

뾰족한 방법을 찾지 못한 채 서준이와 진혁이는 병원을 나섰다. 터덜터덜 걸음을 옮기는데 진혁이가 말했다.

"너의 엄마는 알지 않을까?"

그러고 보니 수호가 결석했던 날, 엄마가 장염에 걸린 아이들 이름을 이야기했었다. 서준이는 얼른 휴대 전화를 열어 시간을 확인했다. 평소 같으면 엄마가 집에 와 있을 시간이었다. 하지만 오늘은 어떨지 알 수 없었다. 일단 집으로 가 보기로 하고, 서준이는 진혁이와 헤어졌다.

서준이가 아파트 엘리베이터에서 내리는데, 집 쪽에서 음식 냄새가 큼큼 새어 나왔다. 서준이의 얼굴이 절로 환해졌다.

"엄마, 오늘은 일찍 오셨네요?"

서준이가 집에 들어서며 큰 목소리로 말했다. 부엌에 있던 엄마가 활짝 개인 얼굴로 서준이를 맞았다.

"서준이 주려고 장떡 만들고 있는데, 맘에 들어?"

고추장을 넣어 부치는 장떡은 서준이가 제일 좋아하는 간식이었다. 서준이는 얼른 손을 씻고 식탁 앞에 앉았다. 식탁에 고소한 장떡 냄새가 솔솔 피어올랐다.

"급식실 조사는 끝났어요?"

장떡을 입안 가득 베어 물고 서준이가 물었다. 엄마가 싱그럽게 웃으며 고개를 끄덕였다. 서준이는 서둘러 장떡을 삼키고 엄마를 보았다.

"학생들이 갑자기 왜 아팠대요?"

"아직 거기까지는 못 알아냈어."

엄마가 아쉬운 표정을 지었다.

"그럼 어디까지 알아낸 건데요?"

"급식실에는 장염을 일으킬 만한 원인균이 없다는 것까지."

"아, 다행이네요!"

엄마의 얼굴이 밝아진 이유를 알 것 같았다. 하지만 몇 명이 한꺼번에 걸렸던 장염의 원인은 알 수 없다니, 서준이의 마음은 찜찜했다.

"어쩌다가 단체로 장염에 걸렸는지, 그 이유를 알아야 되는 거 아니에요?"

"알아보기는 하겠지. 하지만 급식실 문제는 아니라니까 한숨 돌리는 거야."

엄마는 걱정이 없어 보였다. 엄마는 장떡 반죽이 프라이팬 옆에 뚝 떨어진 것도 모르고 뒤집개를 쥔 손으로 아무렇지 않게 머리카락을 넘겼다.

'진혁이랑 알아보려고 했던 것도 그만둬야 하나?'

서준이는 장떡을 씹으며 골똘히 생각했다. 하지만 이대로 끝내기는 어쩐지 아쉬웠다. 왁자지껄 병원의 파스퇴르 선생님도 도와준다고 했으니, 조금 더 파고들어 가면 장염의 원인을 밝혀낼 수도 있었다. 서준이는 문득 돌아가신 아빠를 떠올렸다.

'아빠라면 끝까지 원인을 밝혀냈을 거야. 아빠는 정의로운 경찰관이니까.'

시작은 엄마 때문이었지만 이제는 바뀌었다. 아빠 아들답게 서준이는 끝까지 장염의 원인을 추적해 보기로 마음먹었다.

끝나지 않은 수사
•모든 것은 자연적으로 발생하지 않는다•

배불리 저녁을 먹고 서준이는 엄마와 나란히 거실 소파에 앉았다. 평소처럼 텔레비전을 켜고 맛집을 소개해 주는 프로그램을 들었다. 영양 교사라는 직업 때문인지 엄마는 먹을 것에 관심이 참 많았다.

"엄마, 급식실 조사가 끝났으니 이제 어디를 조사해요?"

서준이가 찔끔 질문을 흘렸다. 엄마는 정신없이 텔레비전을 보다가 힐끔 서준이를 보았다. 그러고는 대수롭지 않은 듯 말했다.

"글쎄? 교실? 아니면 아이들이 다니던 학원이나……."

수호가 다니던 학원은 서준이랑 진혁이도 다니는 곳이었다. 그

학원에서 장염에 걸린 아이는 수호뿐이었다.

"학원은 아닐 거예요."

"그럼 아이들 집을 알아보겠지?"

대답을 하면서도 엄마의 눈은 텔레비전에 머물러 있었다. 텔레비전에는 길거리 음식에 대한 정보가 마구 나오고 있었다.

"길거리 음식은 정말 조심해서 먹어야 하는데……."

엄마가 혼잣소리했다. 서준이가 물었다.

"왜요?"

"아무래도 길거리에서는 위생 관리가 어려우니까."

엄마의 대답은 별스럽지 않았다.

"그럼 수호가 길거리 음식을 먹은 걸까요?"

"그럴 수도 있지."

엄마는 텔레비전 속으로 빠져 들어갈 듯했다. 이럴 때는 엄마와 제대로 이야기를 나눌 수 없었다. 서준이는 딱 하나만 물어보기로 했다.

"그때 결석생이 모두 세 명이라고 했지요?"

"응."

"누구누군지 다 알아요?"

"글쎄……."

서준이의 가슴에서 김이 새어나갔다. 엄마는 알고 있을 거라 확신했는데, 다 틀린 것 같았다.

"엄마가 말한 사람 중에 수호랑 누가 또 있었는데……."

"미희?"

맞다. 그 이름이었다.

"미희가 몇 반이랬지요?"

"글쎄, 그건 잘 모르겠고 양미희랬지, 아마."

엄마의 눈은 또다시 텔레비전으로 향했다. 오늘의 대화는 이것으로 마무리해야 할 것 같았다. 서준이는 엄마 옆에서 프로그램이 끝날 때까지 앉아 있다가 조용히 방으로 들어왔다.

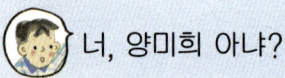 너, 양미희 아냐?

서준이는 진혁이에게 문자 메시지를 보냈다. 그러자 진혁이가 기다렸다는 듯 답을 보냈다.

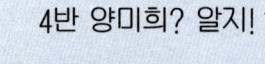 4반 양미희? 알지!
 걔도 장염으로 입원했었어. 수호랑 같은 날!
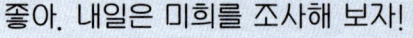 좋아. 내일은 미희를 조사해 보자!

진혁이의 문자 메시지에 신나는 마음이 묻어났다. 아무래도 진혁이는 과학자보다 경찰관이 적성에 맞는 것 같았다. 진혁이랑 같이 경찰관이 되면 서준이도 참 좋을 것 같았다.

이튿날, 수업이 끝나자마자 서준이는 진혁이와 함께 홍익병원으로 향했다. 수호와 같은 날에 병원에 입원했으면 미희도 홍익병원에 있을 것 같았다. 서준이와 진혁이는 안내 창구에서 미희의 병실을 알아내고, 먼저 수호를 찾아갔다.

"오, 짝꿍!"

수호가 한쪽 팔을 번쩍 들어 올리며 호들갑을 떨었다.

"너희 둘, 왜 이렇게 붙어 다니냐?"

수호가 서준이와 진혁이를 번갈아보며 물었다.

"우리 원래 친했거든!"

서준이가 수호를 보며 입을 실룩거렸다.

"엄마는 어디 가셨어?"

진혁이가 조심스럽게 물었다. 어제 병실에서 밀리듯 쫓겨난 게 생각난 모양이었다. 수호는 아무렇지 않은 듯 고개를 끄덕였다.

"너 입원하던 날, 집에서 뭐 먹었어?"

서준이가 이미 다 알고 있다는 듯 눈을 빛내며 수호를 보았다. 수호가 입을 불뚝 내밀고는 고개를 저었다.

"에이, 학교 끝나고 집에 가면 세 시도 안 되는데, 그때부터 쭉 집에서 아무것도 안 먹었다고?"

너처럼 먹을 것을 좋아하는 아이가 그럴 리 없다고 못을 박으려다가 서준이는 말을 끊었다. 수호가 기분이 상해서 입을 꾹 다물어 버리면 안 되기 때문이다.

"먹긴 먹었지."

수호가 떨떠름하게 대꾸했다. 이번에는 진혁이가 나섰다.

"뭐 먹었는데?"

"음……."

수호가 멀뚱멀뚱 서준이와 진혁이를 바라보다가 물었다.

"그게 왜 궁금한데?"

진혁이가 헤헤거리며 입을 열었다.

"너도 알다시피 우리가 호기심이 좀 많잖아. 도대체 왜 너처럼 잘 먹고 건강한 아이가 장염에 걸려서 입원까지 했을까? 궁금해서 참을 수가 있어야지."

"잘 먹는 사람은 장염 걸리면 안 돼?"

수호가 발끈했다.

"물론 그런 건 아니지만……."

진혁이가 어깨를 옴츠리며 서준이를 보았다. 서준이는 눈을 갸름하게 뜨고 수호를 바라보기만 했다.

"엄마가 아무 말도 하지 말랬어."

수호가 뜻밖의 말을 뱉어 냈다. 서준이와 진혁이가 눈을 동그랗게 뜨고 수호를 바라보았다. 수호가 당황스러운 듯 얼굴을 일그러뜨리더니 다시 입을 열었다.

"아무것도 안 먹었다고. 학교에서 집에 오니까 배가 아파서 아무것도 못 먹었어!"

수호가 말을 바꿔 버렸다. 그러고는 이불을 뒤집어쓰고 등을 휙 돌려 버렸다.

"너희들, 또 무슨 일이니?"

서준이가 수호의 이불을 잡아 내리려는데, 귀에 익은 목소리가 들렸다. 수호 엄마였다. 서준이와 진혁이는 동시에 자리에서 일어섰다.

"애들이 왜 자꾸 아픈 애를 괴롭히고 그러니? 내일이면 퇴원한댔지?"

수호 엄마가 사납게 눈을 치뜨며 서준이와 진혁이 앞을 가로막았다. 수호 엄마 옆에는 까만 뿔테 안경을 쓴 낯선 아줌마가 있었다. 두 아줌마의 서슬에 서준이와 진혁이는 인사도 제대로 못 한 채 병실을 빠져나왔다. 아이들 눈에는 수호도 수호 엄마도 수상쩍었다.

"분명히 뭔가 있어!"

걸음을 옮기며 진혁이가 먼저 말을 뱉었다. 서준이도 고개를 끄덕였다.

"415호에 가 보자."

미희를 만나 물어보면 될 것 같았다. 서준이와 진혁이는 서둘러 415호로 향했다.

"어, 고진혁!"

415호에 발을 들이기가 무섭게 문 앞 오른쪽 침대에 있던 미희가 진혁이를 불렀다. 살금살금 병실에 들어서던 진혁이는 뻘쭘한 자세로 손을 흔들었다.

"너희가 여긴 웬일이야?"

미희는 꽤나 당당하고 적극적인 아이였다. 진혁이는 어색하게 미소를 지으며 미희 옆으로 다가갔다. 서준이도 진혁이 뒤에 바짝 붙었다.

"나 보러 온 거야?"

미희가 또 물었다. 진혁이는 대답 대신 고개를 끄덕였다.

"왜에?"

미희가 눈썹을 찌푸렸다.

"아, 아프다니까……."

진혁이가 말을 더듬었다. 서준이는 힐끔 진혁이를 살폈다. 진혁이 귓불이 벌겠다. 손가락 끝도 자꾸만 만지작거렸다. 처음 보는 낯선 태도였다. 서준이는 이상해서 고개를 갸우뚱했다.

"나 아프다는 게 전교에 소문났어?"

미희가 살짝 눈웃음을 지었다. 귀여워 보이는 웃음이었다.

"그, 그게……."

진혁이에게 맡겨 두었다가는 아무것도 알아낼 수 없을 듯했다. 서준이는 목청을 다듬고 입을 열었다.

"나는 진혁이 친군데……."

진혁이에게 향해 있던 미희의 눈길이 서준이에게로 옮겨 갔다. 서준이는 마른침을 꿀꺽 삼키고 말을 이었다.

"너 아파서 입원하던 날, 뭐 먹었니?"

미희에게 궁금한 건 이것뿐이었다. 미희가 서준이를 빤히 쳐다보며 물었다.

"그게 궁금해서 온 거야?"

서준이는 고개를 끄덕였다.

미희가 손으로 입을 가리더니 킥킥 웃었다. 서준이는 멀뚱멀뚱 진혁이와 눈을 맞췄다. 진혁이도 얼굴을 벌겋게 달군 채 서준이만 바라보았다.

"그날 그러니까 뭘 먹었더라?"

미희가 기억을 되짚어 가는데, 낯익은 목소리가 끼어들었다.

"너희들, 여기까지 쫓아온 거야?"

서준이와 진혁이는 얼른 목소리가 날아온 곳으로 고개를 돌렸다. 문 앞에 수호 엄마가 있었다. 그 앞에는 뿔테 안경의 아주머니도 있었다.

"아픈 애들 찾아다니면서 뭐 하는 거니?"

까만 뿔테 안경 아주머니가 미희 곁으로 바시런히 다가갔다. 기억을 짚어 무엇인가를 이야기하려던 미희는 입을 꾹 다물었다.

수호 엄마가 서준이와 진혁이를 지나 미희 곁에 우뚝 섰다. 수호 엄마가 있는 한 병원에서 해답을 얻기는 어려울 것 같았다. 서준이와 진혁이는 꾸벅 인사를 하고 병실을 나왔다.

"아줌마 좀 이상하지 않냐?"

엘리베이터를 기다리며 진혁이가 물었다. 서준이가 보기에도 수호 엄마가 조금 예민한 것 같기는 했다. 하지만 서준이 엄마라도 서준이가 아파서 병원에 있으면 수호 엄마처럼 일일이 쫓아다니며 참견할지도 모른다. 병원을 나서며 서준이는 걸음을 우뚝 멈췄다.

"아픈데 꼭 원인이 있어야 하나?"

"갑자기 그건 또 무슨 소리야?"

답답한 듯 진혁이가 가슴을 팡팡 쳤다.

"그냥 아플 수도 있는 거잖아."

서준이의 말에 진혁이는 길게 한숨을 내쉬었다.

"네가 범인을 잡아내자고 했잖아. 이제 와서 왜 그래?"

진혁이는 화가 난 것 같았다. 서준이는 조금 미안해서 고개를 살짝 숙이고 운동화로 땅바닥만 툭툭 찼다.

진혁이가 성큼성큼 걸음을 옮겼다. 어디로 가냐고 물어도 말이 없었다. 서준이는 부지런히 진혁이의 뒤를 쫓았다. 진혁이가 찾아간 곳은 학교 앞 왁자지껄 병원이었다.

"오늘은 왜 안 오나 했네."

파스퇴르 선생님이 접수대에서 서준이와 진혁이를 맞이했다.

"간호사 형은 안 왔어요?"

"보다시피!"

파스퇴르 선생님은 양쪽 팔을 활짝 펴 보였다. 늘 자리에 있던 간호사 형이 없으니 병원이 텅 비어 보였다. 그래서 파스퇴르 선생님도 진료실을 나와 접수대에 있었던 듯했다.

"우리를 기다리셨어요?"

진혁이가 노래하듯 목청을 높였다. 기분이 좋아 보였다. 서준이로서는 다행이었다.

파스퇴르 선생님은 고개를 끄덕이며 접수대에서 빠져나왔다. 그리고는 환자 대기실에 자리를 잡았다. 환자가 없으니 파스퇴르 선생님과 대기실에서 수다를 떨어도 상관없었다.

"선생님, 아무 이유도 없이 병에 걸릴 수 있나요?"

자리에 앉기가 무섭게 진혁이가 물었다. 조금 전 서준이가 했던 말이 걸린 모양이었다. 파스퇴르 선생님이 고개를 갸우뚱 기울이더니 서준이와 진혁이를 차례로 보며 말했다.

"아무런 이유가 없다면 어떻게 병에 걸릴까?"

"그냥요. 그냥 병이 생길 수도 있잖아요."

이번에는 서준이가 말했다. 파스퇴르 선생님이 서준이를 바라보았다.

"병이 왜 그냥 생길 수 있을 거라고 생각하지?"

"그냥 특별히 이유가 없어도 아플 수 있잖아요."

"서준이는 그런 적이 있니?"

파스퇴르 선생님이 부드럽게 물었다. 서준이는 말없이 고개를 숙였다.

서준이에게는 이유 없이 아팠던 기억이 분명히 있었다. 아빠가 갑작스럽게 서준이 곁을 떠났을 때 서준이는 이유도 없이 며칠을 끙끙 앓았다.

"세상에 일어나는 모든 일에는 원인이 있단다. 원인 없이 자연적으로 생기는 건 아무것도 없어."

파스퇴르 선생님이 결론을 내려 버렸다. 서준이는 억울했다.

"아니에요. 이유 없이 아팠던 때가 있다고요!"

"분명히 이유가 있었을 거야."

파스퇴르 선생님이 서준이의 눈을 지그시 바라보았다.

서준이는 다시 고개를 숙였다. 그때 서준이를 담당했던 의사 선생님은 아빠를 잃은 충격 때문에 서준이가 아픈 거라고 이야기했었다. 그때에도 서준이는 아니라고 바득바득 우겼다.

"싹이 트고 자라는 데도 이유가 있어. 눈에 보이지 않는 바람,

햇볕 그리고 땅속의 양분들이 힘을 보태 준 거지. 음식이 상하는 것도 마찬가지야. 우리들 눈에는 보이지 않지만, 미생물이 음식물에 들어가서 음식을 상하게 해."

"그건 사람이 아픈 거하고는 상관없잖아요!"

서준이가 빽 소리쳤다. 파스퇴르 선생님이 다시 말했다.

"아플 때에도 마찬가지야. 병원균이 우리 몸에 침투해서 아파지는 거거든."

"병원균은 우리 눈에 보이지 않는 거죠?"

진혁이가 파스퇴르 선생님의 말을 받았다. 파스퇴르 선생님은 고개를 끄덕였다.

"아주 먼 옛날에는 사람들이 서준이처럼 모든 생명체가 자연적으로 생겨났다고 믿었단다. 하지만 **미생물의 존재를 확인한 뒤로는 자연발생설이 잘못되었다는 걸 과학자들도 인정하게 되었지.**"

"우아! 미생물을 누가 발견했는지 몰라도 정말 대단한 일을 한 거네요!"

진혁이가 얼굴 가득 웃음을 지어 보였다. 파스퇴르 선생님도 진혁이처럼 활짝 웃었다.

"김서준, 같은 날 세 명이 장염에 걸린 데에는 분명히 이유가 있

어!"

진혁이가 확인하듯 또박또박 말했다.

서준이가 진혁이를 보고는 씩 웃었다. 엄마의 마음이 편안해졌다고 아빠랑 했던 약속을 깜빡 잊을 뻔했다.

우유 때문이라고?

저온 살균은 나쁜 미생물을 없애면서 식품 고유의 맛과 향을 유지시킨다

학교 급식실 앞에서 서준이는 엄마와 헤어졌다. 현관에서 실내화를 갈아 신다가 진혁이도 만났다. 이전과 다를 바 없는 아침이었다.

"오늘은 수호도 오겠지?"

교실로 향하며 진혁이가 물었다. 서준이는 고개를 끄덕였다.

홍익병원에서 수호 엄마가 이틀 뒤에 수호가 퇴원한다 했으니, 오늘은 수호가 학교에 올 거였다. 그러면 병원에서 알아내지 못한 걸 알아낼 수 있다.

서준이는 자리에 앉아 아침 독서 책을 펼쳤다. 하지만 계속 옆

자리가 신경 쓰였다. 오늘도 수업 시작 예비 종이 울리도록 수호는 교실에 들어오지 않았다.

"선생님, 수호가 또 안 왔어요."

"응, 오늘까지 쉬고 다음 주에 나온대."

서준이는 얼굴을 찡그리며 진혁이를 향해 고개를 돌렸다. 진혁이도 한껏 아쉬운 표정으로 고개를 저었다.

"우리 미희한테 가 보자."

1교시 수업이 끝나고 진혁이가 서준이에게 다가와 말했다. 좋은 생각이었다. 서준이는 부리나케 자리에서 일어나 진혁이를 쫓아갔다.

4반 뒷문 앞에서 서준이와 진혁이는 목을 길게 빼고 교실을 살폈다. 하지만 미희는 보이지 않았다. 수호처럼 미희도 오늘까지 쭉 쉬나 싶었다. 마침 서준이가 잘 아는 아이가 4반에서 나왔다. 서준이는 얼른 그 아이를 잡고 다짜고짜 물었다.

"양미희는 오늘도 학교에 안 왔어?"

"왔는데?"

아이는 고개를 돌려 교실을 살폈다. 그러고는 창가 쪽 앞자리를 가리키며, 거기가 양미희 자리라고 말했다.

미희의 책상에는 책이 펼쳐져 있었다. 미희가 잠깐 자리를 비운

게 분명했다. 하지만 쉬는 시간은 길지 않았다. 곧장 수업 시작 종이 울렸고, 서준이와 진혁이는 교실로 돌아오는 길에 잠깐 미희와 눈이 마주쳤다.

2교시 수업이 끝나자 서준이와 진혁이는 또 4반 앞으로 달려갔다. 이번에는 미희가 자리에 있었다. 교실 뒷문 쪽에서 서준이와 진혁이는 미희를 불러냈다.

"왜 자꾸 쫓아다녀?"

미희가 눈살을 찌푸리며 뒷문 앞으로 나왔다.

"너 배 아프던 날……."

"그게 왜 궁금한데?"

미희의 물음이 까칠했다. 서준이와 진혁이가 구구절절 설명하려니 시간이 모자랐다. 쉬는 시간은 언제나 짧았다.

"집에 가는 길에 우유 마셨어. 그리고 뭘 먹었더라……. 기억이 잘 안 나."

미희가 짧게 대답했다.

"우유?"

"그래, 학교 앞 문구점에서 흰 우유 사 먹었다고!"

미희는 서둘러 대꾸하고는 휙 몸을 돌렸다. 귀찮은 동생을 떼어 놓으려는 누나 같았다.

"양미희, 그러고는 학교에서 바로 집으로 갔어?"

진혁이가 미희를 향해 목청을 높였다. 미희는 고개를 돌려 진혁이를 노려보았다. 얼굴에는 짜증이 가득했다.

서준이와 진혁이는 평소처럼 수업을 듣고 점심을 먹었다. 서준이는 점심을 먹고 난 뒤에는 잠깐 급식실에 가서 엄마에게 용돈을 받았다. 집에 가는 길에 우유를 사기 위해서였다.

수업이 끝나기가 무섭게 서준이와 진혁이는 학교 앞 문구점으로 향했다. 학교 앞에는 문구점이 딱 하나 있었다. 문구점에는 공책이나 스케치북, 볼펜 등 문구류 말고도 구경할 게 많았다. 입구에 있는 게임기, 스티커, 액세서리, 장난감은 물론 간단한 군것질 거리까지 가득했다. 그래서 수업을 끝낸 아이들은 꼭 그 문구점에 들렀다.

"물건 살 거 없으면 집으로들 가!"

문구점 아주머니가 크게 소리쳤다. 그래도 여러 아이들은 쇼핑이라도 나온 듯 문구점을 구석구석 돌며 아주머니의 정신을 쏙 뺐다.

서준이와 진혁이는 냉장고 앞에서 진열대를 꼼꼼히 살폈다. 미희가 말한 흰 우유는 제조사별로 종류가 다양했다. 그중에 어떤 우유가 말썽을 일으킨 건지 알 수 없었다.

"미희한테 전화해서 물어볼까?"

서준이가 말했다.

"미희 전화번호 알아?"

진혁이가 되물었다. 서준이가 눈을 크게 떴다.

"나는 미희랑 한 번도 같은 반이었던 적이 없어. 너는 작년에 같은 반이었다면서?"

103

"같은 반이었다고 전화번호를 다 아냐?"

진혁이는 얼굴을 붉히며 냉장고 진열대를 향해 고개를 돌렸다. 미희 이야기를 할 때마다 진혁이 얼굴이 붉어지는 게 아무래도 수상했다. 하지만 지금은 진혁이의 수상함을 들출 때가 아니었다.

"그냥 종류별로 하나씩 다 사자."

서준이가 결정을 내렸다. 그러고는 냉장고를 열고 흰 우유를 종류별로 하나씩 빼냈다. 모두 다섯 개였다. 서준이와 진혁이는 흰 우유 다섯 개를 들고 왁자지껄 병원을 찾았다.

오늘은 간호사 형이 접수대를 지키고 있었다. 환자는 여전히 없었다. 서준이와 진혁이가 들어서자 간호사 형은 별스럽지 않은 얼굴로 진료실을 힐끗 가리켰다. 서준이는 간호사 형 앞에 흰 우유 하나를 내밀었다.

"잠깐만!"

진혁이가 부리나케 우유를 낚아챘다. 간호사 형이 눈을 동그랗게 뜨고 진혁이를 보았다.

"우선 이상이 있는지 살펴봐야지."

진혁이가 서준이를 향해 목소리를 낮췄다.

서준이는 멀뚱멀뚱 우유와 간호사 형을 바라보았다. 간호사 형이 입을 삐죽거리며 얼른 들어가라고 손짓했다. 아무래도 마음이

상한 듯 보였다.

"파스퇴르 선생님, 이것 좀 봐 주세요!"

진혁이가 파스퇴르 선생님 책상에 흰 우유 다섯 개를 나란히 올려놓았다. 파스퇴르 선생님은 서준이와 진혁이를 바라보며 두 눈을 슴벅거렸다. 서준이가 입을 열었다.

"장염 걸린 학생 중에 한 명이 이걸 먹었대요."

그제야 파스퇴르 선생님은 고개를 끄덕이고는 우유를 집어 들며 말했다.

"우유에는 단백질이 다량 함유되어 있어서 쉽게 상할 수 있어."

"그렇지요? 그날 미희뿐 아니라 수호도 우유를 먹었을 거예요."

진혁이가 눈을 빛내며 파스퇴르 선생님 앞에 마주 앉았다. 파스퇴르 선생님이 빙긋 웃으며 진혁이에게 물었다.

"진혁이도 우유 먹고 배탈 난 적 있니?"

"아니오!"

진혁이는 쉽게 대답했다. 이번에는 파스퇴르 선생님이 서준이를 보았다. 서준이도 고개를 가로저었다.

"유제품은 쉽게 상할 수 있기 때문에 더 주의해서 만들고 유통 과정도 신경을 쓰지."

"그럼 꼭 우유 때문이 아닐 수도 있겠네요."

서준이는 책상에 올려놓은 우유를 하나 집어 들었다.

"더 검증해 봐야겠지?"

파스퇴르 선생님이 두 눈을 찡긋거리며 서준이와 진혁이를 보았다. 둘은 우유를 들고 우유의 겉면에 적혀 있는 작은 글자를 꼼꼼히 살폈다.

"열량, 탄수화물, 당류, 포화지방, 트랜스지방……. 아휴, 우유에는 뭐가 이렇게 많이 들었냐?"

글자를 소리 내어 읽으며 진혁이가 얕게 한숨을 쉬었다. 순간 서준이가 책상을 땅 내리치며 자리에서 발딱 일어섰다.

"이거다!"

파스퇴르 선생님과 진혁이의 눈이 동시에 서준이에게로 향했다. 진료실 문이 발칵 열리며 간호사 형도 들어왔다.

"뭘 찾았는데?"

진혁이가 물었다. 서준이가 진혁이 앞으로 우유를 내밀며 손가락으로 글자를 가리켰다.

"저온 살균!"

"그게 뭔데?"

진혁이가 두 눈을 끔벅였다. 서준이가 답답하다는 듯이 목소리를 높였다.

"살균을 저온으로 했다는 거야. 이게 문제였어!"

"그런가?"

진혁이가 고개를 갸우뚱거렸다.

"울 엄마가 그릇을 소독할 때 봤는데 말이지."

서준이가 자리에 앉으며 나직이 말했다. 갑자기 진혁이가 눈을 크게 떴다.

"맞다! 급식실에 있는 살균 소독기는 뜨거웠어!"

"그렇다니까!"

서준이 목소리에 신바람이 들었다.

파스퇴르 선생님이 허허 웃었다. 서준이도 진혁이도 신이 나서 함께 웃었다. 간호사 형이 쯧쯧 혀를 차며 서준이를 보았다.

"저온 살균법은 우리 피스퇴르 박사님이 개발하신……."

간호사 형의 두 손이 자연스럽게 파스퇴르 선생님에게 향했다. 파스퇴르 선생님은 놀란 듯 간호사 형의 손을 아래쪽으로 내렸다.

"파스퇴르 박사님이오?"

서준이가 눈을 동그랗게 뜨고 간호사 형을 보았다. 간호사 형은 곤란한 얼굴로 파스퇴르 선생님과 서준이를 번갈아 보았다.

"자네 할 일이 있지 않나?"

파스퇴르 선생님이 간호사 형에게 눈짓을 보냈다. 간호사 형은

정말 급하고 중요한 일을 깜빡 잊은 듯 수선을 떨며 진료실을 나갔다.

"선생님이 저온 살균법을 개발하셨다고요?"

서준이가 파스퇴르 선생님에게 물었다. 파스퇴르 선생님이 손을 내저으며 헛기침을 했다. 그러고는 말을 붙였다.

"저온 살균법을 개발한 파스퇴르 박사는 지금부터 백 년도 더 전에 살았던 분이란다."

서순이와 진혁이가 고개를 끄덕였다. 파스퇴르 선생님이 다시 말했다.

"파스퇴르 박사는 지금까지 너희들에게 이야기했던 미생물이라든지 발효, 부패…… 이런 것에 대해서 많은 연구를 남긴 분이지."

"그런데 살균을 하려면 뜨겁게 펄펄 끓여야 하는 거 아니에요?"

서준이가 다시 물었다. 파스퇴르 선생님은 고개를 끄덕이며 서준이를 보았다.

"보통의 살균이라면 뜨겁게 팔팔 끓이는 게 맞지. 그런데 우유나 포도주 같은 식품들은 뜨겁게 팔팔 끓이면 고유의 맛과 향이 날아가서 사람들이 좋아하지 않았어."

"그럼 살균을 안 하면 되잖아요!"

진혁이가 퉁명스레 말했다. 서준이도 진혁이 말에 동의하는 듯 고개를 끄덕였다.

"살균을 하지 않으면, 우유나 포도주에 나쁜 미생물이 침투해서 우유나 포도주를 상하게 만들거든."

"저온 살균을 하면 뜨겁게 팔팔 끓이지 않고도 나쁜 미생물을 없앨 수 있다는 거예요?"

진혁이의 말에 파스퇴르 선생님은 손뼉을 짝 쳤다. 고개도 힘차게 주억거렸다.

"저온 살균을 통해서 나쁜 미생물은 없애면서 식품 고유의 맛과 향은 유지시켜 주는 거지. 그 방법을 찾아낸 사람이 바로 백여 년 전에 살았던 과학자 파스퇴르란다."

"파스퇴르 선생님은 그 과학자를 무척 존경했나 봐요."

파스퇴르 선생님을 바라보며 진혁이가 수줍게 말했다. 파스퇴르 선생님은 그렇다며 고개를 끄덕였다.

서준이는 다시 우유를 살폈다. 저온 살균이라는 글자를 찾아냈을 때에는 뭔가 실마리가 풀릴 것 같았는데, 다시 깜깜한 동굴에 갇힌 듯했다.

"그럼 저온 살균 때문은 아닌 것 같고, 도대체 미희를 아프게 한 범인은 뭘까요?"

서준이가 턱을 괴며 한숨을 내쉬었다. 진혁이도 기운을 잃은 듯 고개를 숙였다. 해결될 기미가 보이지 않으니 그냥 포기해 버리고 싶었다. 서준이랑 진혁이가 뭔가를 알아낸다고 해서 달라질 것도 없어 보였다.

"말이 나온 김에 말이다……."

파스퇴르 선생님이 차분한 목소리로 서준이와 진혁이의 눈길을 잡았다.

"파스퇴르 박사가 미생물 연구에 평생을 바친 데는 이유가 있단다."

"그게 뭔데요?"

서준이랑 진혁이가 동시에 물었다.

"파스퇴르 박사는 원인을 알 수 없는 전염병 때문에 딸을 둘이나 잃었거든."

파스퇴르 선생님의 말에 서준이는 가슴이 쿵 내려앉았다. 전염병으로 사랑하는 가족을 둘이나 떠나보낸 파스퇴르 박사가 무척이나 안쓰러웠다.

"파스퇴르 박사는 전염병 때문에 사랑하는 가족을 잃는 사람이 더 이상은 없었으면 좋겠다는 바람으로 평생을 미생물 연구에 바친 거란다."

파스퇴르 선생님의 말에 서준이는 고개를 푹 숙였다. 문제가 해결될 기미가 도무지 보이지 않는다고, 원인을 찾는 일을 그만둘까 하고 잠시나마 생각한 게 부끄러웠다.

"일단 우유는 아닌 것 같으니까 미희에게 더 물어보자."

서준이가 자리에서 벌떡 일어섰다. 진혁이도 꾸물꾸물 자리에서 일어났다.

"내가 같이 가 줄까?"

항상 병원을 지키고 있던 파스퇴르 선생님이 서준이와 진혁이를 따라나섰다.

든든한 지원군이 뒤따르니 두 아이는 두려울 게 없었다. 서준이와 진혁이는 우유 다섯 개를 간호사 형에게 넘기고 씩씩하게 왁자지껄 병원을 나섰다.

문제의 시작은 따로 있었다
• 과학은 인류를 위한 것이다 •

미희는 학교에 없었다. 시간을 보니 학생들이 학교에 남아 있는 시간이 아니었다.

"학원에 갔을까?"

서준이가 혼잣소리하듯 물었다.

"미희가 무슨 학원 다니는지 알아?"

진혁이가 서준이에게 물었다. 서준이는 고개를 저었다.

"수호네 집은 알고 있니?"

파스퇴르 선생님이 물었다. 서준이와 진혁이는 동시에 고개를 끄덕였다.

수호는 서준이와 진혁이가 사는 아파트 맞은편에 있는 빌라 단지에 살았다. 정확하게 몇 동에 사는지는 모르지만, 3층짜리 빌라가 다섯 동만 있는 곳이니, 그곳에 가면 누구든 수호네를 알 것 같았다.

서준이와 진혁이는 파스퇴르 선생님과 함께 수호네 빌라를 찾았다. 경비 아저씨에게 수호네 집을 물어보려는 찰나 눈앞에 마술처럼 미희가 나타났다.

"너희들, 또 나 찾아온 거야?"

미희가 새치름하게 물었다. 옆에는 키 작은 여자아이도 있었다. 2학년쯤으로 보이는 아이였다.

"양미희, 그날 말이야!"

서준이가 먼저 목청껏 입을 열었다. 미희 옆에 있던 키 작은 여자아이가 두 손으로 귀를 틀어막았다. 미희가 서준이를 흘겨보며 말을 막았다.

"뭐, 또 배 아팠던 날 말이야?"

"응! 배 아파서 입원한 날……."

서준이가 대꾸하는데, 키 작은 여자아이가 서준이를 물끄러미 바라보았다.

"그날 우유 말고, 먹은 거 또 없어?"

서준이가 묻자 키 작은 여자아이가 미희를 올려다보며 말했다.

"언니, 우리 다 같이 병원 간 날 말하는 거야?"

키 작은 여자아이가 눈을 반짝였다. 파스퇴르 선생님도 눈을 반짝 빛내며 여자아이를 보았다.

"너도 배가 아팠니?"

파스퇴르 선생님이 몸을 낮춰 여자아이와 눈을 맞췄다. 여자아이는 미희의 손을 꼭 쥔 채로 파스퇴르 선생님을 향해 고개를 끄덕였다.

"아저씨는 누구세요?"

미희가 여자아이를 뒤로 숨기며 파스퇴르 선생님에게 물었다.

"학교 앞 왁자지껄 병원 파스퇴르 선생님이셔."

진혁이가 잽싸게 대꾸했다. 서준이가 말을 붙였다.

"우리랑 학교에서 아이들이 한꺼번에 배탈 난 이유를 조사하고 있어."

"여럿이 배탈 난 걸 조사한다고?"

미희가 두 눈을 깜빡이며 서준이를 바라보았다. 서준이가 고개를 끄덕이며 미희를 똑바로 바라보았다. 미희의 쌍꺼풀 없는 눈이 귀여워 보였다.

"나도 배탈 났었어."

여자아이가 입을 열었다. 여자아이는 초원초등학교 2학년 강희지라고 했다.

"희지는 왜 배가 아팠니?"

파스퇴르 선생님이 희지랑 눈을 맞추며 부드럽게 물었다. 희지가 고개를 끄덕이며 파스퇴르 선생님에게 말했다.

"그날 다 같이 게장을 먹었는데……."

"뭘 먹었다고?"

서준이가 날카롭게 물었다. 희지는 다시 겁을 먹은 듯 미희 뒤로 몸을 숨겼다.

"야, 우리가 뭘 먹었든 배가 아프든 그게 너랑 무슨 상관인데?"

미희가 또 까칠하게 나왔다. 서준이는 화가 났다.

"우리 엄마가 그 문제로 힘들어했단 말이야."

"너의 엄마?"

미희가 물었다.

엄마 이야기를 꺼내자 서준이는 아무 말도 못 하고 씩씩거렸다. 갑자기 울음이 날 것만 같았다. 진혁이가 얼른 나섰다.

"서준이 엄마가 급식실 영양 교사야."

미희가 고개를 끄덕이더니 은근슬쩍 파스퇴르 선생님을 향해 고개를 돌렸다. 그러고는 다소 누그러진 목소리로 물었다.

"게장을 먹으면 배탈이 나요?"

서준이랑 진혁이도 파스퇴르 선생님을 보았다.

"그럴 수도 있고 아닐 수도 있지."

파스퇴르 선생님의 대답은 애매했다. 서준이가 길게 한숨을 내쉬었다. 파스퇴르 선생님이 다시 희지에게 물었다.

"'다 같이'라면 누구를 말하는 거지?"

"음, 저희 가족이랑 미희 언니네랑……."

"수호네랑 같이 먹었어요."

미희가 말했다.

파스퇴르 선생님이 고개를 주억거렸다. 서준이랑 진혁이의 눈도 덩달아 반짝거렸다.

"다 같이 배탈이 난 게 게장 때문인 거죠?"

진혁이가 목청을 높였다. 파스퇴르 선생님은 진혁이의 말은 듣지 못하고 미희에게 물었다.

"그날 배가 아파서 병원에 갔던 사람들이 누군지 알고 있니?"

미희는 고개를 끄덕였다. 파스퇴르 선생님이 다시 물었다.

"게장을 같이 먹은 사람들이니?"

"아마 그럴 거예요."

미희가 짧게 대꾸했다.

"찾았다!"

진혁이가 잔뜩 신난 목소리로 서준이를 보았다. 하지만 서준이의 표정은 그리 밝지 않았다. 진혁이는 풀이 죽은 서준이에게 왜 그러냐고 물었다.

"나도 게장 좋아하거든."

서준이가 고개를 들어 파스퇴르 선생님을 보았다. 파스퇴르 선생님이 허허 웃으며 입을 열었다.

"게장을 먹는다고 모두 배탈이 나는 건 아니야."

"그럼 왜 그날 게장을 먹은 사람들이 모두 아팠을까요?"

서준이는 앞으로 게장을 못 먹게 될까 봐 걱정이었다.

"그 게장은 수호 엄마가 만든 거였어."

미희가 말했다.

"맛있었는데!"

희지가 히죽 웃었다. 그러고는 서준이와 진혁이를 보며 말했다.

"수호 오빠 아줌마가 게장을 잔뜩 만들어서 팔 거라고 했어요."

"그렇구나."

파스퇴르 선생님이 희지를 보며 빙긋 웃었다. 그러고는 서준이와 진혁이에게 눈을 찡긋거렸다. 뭔가 할 이야기가 있는 듯했다.

미희는 의심에 찬 눈으로 파스퇴르 선생님을 바라보았고, 희지는 계속 히죽거렸다.

"만나서 반가웠다. 나중에 또 보자."

파스퇴르 선생님은 희지에게 손을 내밀었다. 희지는 해맑은 얼굴로 파스퇴르 선생님과 악수를 했다. 미희는 휙 몸을 돌려 학교 쪽으로 향했다. 희지는 부랴부랴 미희를 따라갔다.

"뭘 알아내신 거예요?"

서준이가 물었다. 진혁이도 물끄러미 파스퇴르 선생님을 바라보았다.

"알 것 같긴 한데, 우선 수호 엄마를 좀 만나야겠다."

"안 돼요!"

진혁이가 소리를 질렀다. 서준이도 비슷한 반응이었다. 파스퇴르 선생님이 고개를 갸웃거리며 서준이와 진혁이를 살폈다.

"수호 엄마 엄청 무서워요!"

서준이와 진혁이가 한목소리로 외쳤다. 파스퇴르 선생님이 눈을 휘둥그레 뜨고는 장난스럽게 말했다.

"가까이 다가갈 수도 없을 만큼 무서운 분인가 보구나!"

"그렇다니까요!"

서준이와 진혁이가 동시에 말했다.

"하지만 수호 엄마를 만나서 직접 확인을 해야 정확한 이유를 알 수 있단다."

파스퇴르 선생님은 기어이 수호 엄마를 만날 모양이었다. 서준이와 진혁이는 눈썹을 찡그린 채 서로를 마주 보았다. 어떻게 할까 고민스러워서였다.

"정확한 원인을 알려면 수호 엄마를 만나야 해."

서준이의 말에 진혁이도 고개를 끄덕였다. 둘은 다시 머리를 맞댔다. 어디로 가야 수호 엄마를 만날 수 있을까 생각하기 위해서였다. 서준이가 파스퇴르 선생님을 바라보았다.

"일단 수호네 집에 가 봐요."

처음 작정한 대로 서준이와 진혁이는 파스퇴르 선생님과 함께 빌라 단지 경비실을 찾아갔다. 그러고는 경비 아저씨에게 이수호가 사는 집을 물어보았다. 경비 아저씨는 작은 창문 안쪽에 앉은 채 두툼한 뿔테 안경을 이마 쪽으로 올리며 세 사람을 번갈아 보았다.

"무슨 일로 온 건데?"

경비 아저씨가 못마땅한 얼굴로 물었다.

"저흰 수호 친구예요. 제가 같은 반 짝꿍이에요!"

서준이가 말했다.

"수호가 아파서 학교에 못 왔거든요. 그래서 숙제 알려주러 온 거예요."

진혁이가 말을 보탰다. 경비 아저씨는 파스퇴르 선생님을 힐끔 보더니 인터폰을 눌렀다.

"숙제 몰라도 괜찮다고 해 주세요!"

인터폰 너머로 수호 엄마 목소리가 들려 왔다. 짧은 통화를 끝내고 경비 아저씨는 어쩔 수 없다는 듯 어깨를 으쓱거렸다. 파스퇴르 선생님이 경비실 창문을 열고는 나지막이 물었다.

"아저씨도 수호 어머니에게서 간장 게장 받으셨지요?"

경비 아저씨가 얼굴을 찌푸리더니 파스퇴르 선생님을 아래위로 훑어보았다.

"댁은 누구시오?"

"저는 소아과 의사이자 초원초등학교 학생들이 장염에 걸린 원인을 알아보고 있는 식품 조사 위원입니다."

파스퇴르 선생님이 짧게 대답하자, 경비 아저씨가 자리에서 벌떡 일어났다. 그러고는 부리나케 경비실 밖으로 나왔다. 서준이와 진혁이는 멀뚱멀뚱 파스퇴르 선생님과 경비 아저씨를 쳐다보았다.

"간장 게장에 무슨 문제리도 있나요?"

경비 아저씨가 태도를 고쳐 공손하게 물었다.

파스퇴르 선생님은 어쩌면 그럴 수도 있다고 말했다. 경비 아저씨는 얼른 수호네 집 호수를 알려줬다. 파스퇴르 선생님은 서준이와 진혁이를 앞장세운 채 수호네 집으로 향했다.

수호네 집 앞 인터폰에서도 파스퇴르 선생님은 경비 아저씨에게 했던 것처럼 자기를 소개했다. 수호 엄마도 경비 아저씨가 그랬던 것처럼 부리나케 현관문을 열고 밖으로 나왔다.

"너희들이 여긴 웬일이니?"

현관문을 열자마자 수호 엄마는 서준이와 진혁이부터 보았다. 그러고는 얼굴을 찌푸렸다. 몹시 불쾌한 듯 보였다. 파스퇴르 선생님이 얼른 앞으로 나섰다.

"제가 학교 급식실을 꼼꼼히 조사했는데, 별다른 문제점이 없었습니다. 그래서 당일 입원했던 아이들을 만나 알아보니, 이 댁에서 만든 간장……."

"그건 그날 바로 버렸어요. 이제 안 만들 거예요."

수호 엄마가 파스퇴르 선생님의 말을 싹둑 잘랐다. 수호 엄마의 몸이 달달 떨리는 듯했다.

"아줌마 때문에 우리 엄마가 얼마나 힘들어했는지 아세요?"

서준이가 빽 소리쳤다. 수호 엄마가 곤란한 얼굴로 서준이를 보았다. 그리고 들릴락 말락 작은 소리로 말했다.

"미안하다."

집 안에서 수호가 얼굴을 빼꼼 내밀었다. 그러고는 현관문을 활짝 열고, 서준이외 진혁이를 반겼다. 며칠 동안 학교에 나오지 못하더니 심심했던 모양이었다.

서준이와 진혁이는 잽싸게 수호네 집으로 들어갔다. 수호 엄마는 못마땅한 얼굴로 수호를 흘겨보더니, 파스퇴르 선생님을 집으로 안내했다. 파스퇴르 선생님도 조심스럽게 집으로 들어왔다.

"아까 말씀 드렸다시피 이제 안 만들거든요."

수호 엄마가 오렌지 주스를 내 주며 다시 말했다. 서준이랑 진혁이도 수호 옆에 나란히 앉아 오렌지 주스를 마셨다.

"어떻게 만드셨는지, 방법을 좀 알 수 있을까요?"

파스퇴르 선생님이 부드럽게 물었다.

"그걸 뭐하러……"

"병이 걸린 원인을 알아야 하니까요!"

서준이가 외쳤다.

"나는 정말 죽는 줄 알았어. 아무것도 못 먹고."

수호가 식탁에 놓인 빵을 오물거렸다. 파스퇴르 선생님이 수호를 슬쩍 보고는 다시 수호 엄마에게 말했다.

"원인을 알아야 그런 일을 반복하지 않게 됩니다."

"신고……"

수호 엄마가 겁에 질린 얼굴로 파스퇴르 선생님을 바라보았다. 경찰서에 신고를 할까 봐 걱정인 모양이었다. 파스퇴르 선생님이 껄껄 웃었다.

"걱정 마십시오. 저는 경찰관이 아닙니다."

"저의 아빠는 경찰관이었지만, 저는 아직 아니에요."

이번에도 서준이가 끼어들었다. 진혁이도 고개를 끄덕거렸다. 수호 엄마가 조심스럽게 입을 열었다.

"게를 깨끗이 씻고 손질한 다음에 간장에 담가 뒀어요."

"간장을 끓였다 식히지 않고 그냥 쓰셨나요?"

파스퇴르 선생님이 물었다.

"네, 그래도 된다기에……."

수호 엄마가 대답했다.

"그게 문제였군요."

파스퇴르 선생님이 짧게 답했다. 서준이와 진혁이가 눈을 반짝이며 파스퇴르 선생님을 보았다. 수호 엄마랑 수호도 비슷했다.

"전통적으로 간장 게장을 만들 때에는 간장을 몇 차례 끓였다 식혀서 씁니다. 그래야 살균이 돼서 간장 게장을 오랫동안 먹을 수 있는데, 그 과정을 생략했기 때문에 병균이 남아 있었던 겁니다."

파스퇴르 선생님의 답은 명쾌했다. 수호 엄마가 파스퇴르 선생님의 손을 덥석 잡았다.

"이제는 간장 게장 안 만들게요. 다시는 사람들 아프게 만들지 않을게요."

파스퇴르 선생님은 멋쩍은 듯 수호 엄마의 손을 떼어 놓았다. 그러고는 앞으로 조심해 달라고 당부하고 자리에서 일어섰다. 서준이와 진혁이도 파스퇴르 선생님을 따라 밖으로 나왔다.

"범인을 잡아서 정말 다행이에요."

왁자지껄 병원을 향해 걸으며 서준이가 씩씩하게 말했다.

"이게 다 과학의 힘이에요, 그렇지요?"

진혁이도 목청을 높였다. 파스퇴르 선생님이 흐뭇하게 웃으며 서준이아 진혁이를 보았다.

"과학은 인류를 위해 쓰일 때 빛이 나지."

파스퇴르 선생님의 말에 서준이와 진혁이는 "오!" 하고 감탄을 했다. 파스퇴르 선생님이 말을 이었다.

"파스퇴르 박사가 전염병을 막기 위해 백신을 만들고, 우유나 포도주를 저온 살균하는 방법으로 오래 보존할 수 있도록 만든 건 다 인류를 위한 일이었어."

"저도 파스퇴르 박사처럼 훌륭한 과학자가 될래요."

진혁이가 활짝 웃으며 주먹을 꼭 쥐었다. 서준이도 큰 소리로 물었다.

"경찰관이 범인을 잡는 데도 과학이 필요하지요?"

"그렇지, 그렇지. 그러니까 서준이도 과학 공부를 열심히 해라."

파스퇴르 선생님이 서준이의 머리를 쓰다듬었다. 문득 아빠가 떠올랐다. 서준이는 물끄러미 파스퇴르 선생님을 올려다보았다.

"앞으로도 선생님 뵈러 자주 병원에 갈게요."

파스퇴르 선생님이 빙그레 웃으며 서준이와 눈을 맞췄다. 그러고는 넌지시 말했다.

"내가 말이다, 다시 연구를 시작하려고 해."

"연구요?"

서준이와 진혁이가 동시에 물었다. 파스퇴르 선생님이 고개를 끄덕였다.

"너희들 덕분에 연구의 재미를 다시 느꼈단다. 아마도 프랑스에 가서 할 것 같아."

"왜 하필 프랑스까지 가세요?"

진혁이의 목소리에 아쉬움이 가득 담겼다. 파스퇴르 선생님은 빙긋 웃기만 했다.

"그럼 왁자지껄 병원에 가도 선생님을 만날 수 없는 거예요?"

서준이가 다시 물었다.

파스퇴르 선생님은 말없이 걸음을 옮겼다. 왁자지껄 병원 앞에 다다르자 파스퇴르 선생님이 서준이와 진혁이를 향해 말했다.

"너희들, 언제나 과학의 힘을 믿어라. 알았지?"

마지막 당부의 말 같았다. 서준이와 진혁이는 고개를 끄덕였다. 왁자지껄 병원에서 간호사 형이 커다란 가방을 끌고 내려왔다. 간호사 형도 같이 프랑스에 가는 모양이었다.

"딴짓하지 말고, 공부 열심히 해."

간호사 형이 어른스럽게 말했다.

"형은 게임 좀 그만하세요!"

서준이의 말에 파스퇴르 선생님이 껄껄 웃었다. 덕분에 헤어짐이 그리 슬프지 않았다. 과학의 힘을 믿고 열심히 과학을 공부하고 있으면, 언젠가 파스퇴르 선생님과 간호사 형을 다시 만날 수 있을 것 같았다.

서준이와 진혁이는 멀어지는 파스퇴르 선생님에게 부지런히 손을 흔들었다. 파스퇴르 선생님도 서준이와 진혁이를 향해 벙싯 웃음을 보이고 돌아섰다.

집으로 가려는데, 미희가 서준이와 진혁이의 앞을 막아섰다. 그러고는 책을 한 권 내밀었다.

"너희랑 같이 왔던 아저씨, 이 사람이랑 닮지 않았니?"

미희가 내민 《미생물의 아버지, 파스퇴르》라는 책의 표지에는 파스퇴르 선생님이 그려져 있었다.

"헉!"

서준이와 진혁이는 동시에 탄성을 질렀다. 세상에 이런 일이 있을까 싶었다.

"세상에 자연적으로 생기는 일은 없다고 하셨지?"

서준이가 파스퇴르 선생님의 말을 되짚어 보았다. 파스퇴르 선생님을 만난 건 우연이 아닐지도 몰랐다. 진혁이도 고개를 끄덕이며 책의 표지를 이리저리 살폈다. 그때 미희가 책을 홱 가로챘다.

"읽고 싶으면, 나중에 나한테 와. 나 먼저 읽고 빌려줄게."

미희가 새침하게 말했다. 그런데 진혁이 귓불이 발개졌다. 서준이는 눈을 가느다랗게 뜨고 진혁이를 살폈다. 미희만 보면 얼굴을 붉히는 게 아무래도 수상했다.

'수상한 건 정확하게 알아봐야 하는 거, 맞지, 아빠?'

아무래도 진혁이의 속마음을 정확히 알아봐야 할 것 같았다.

주위에 어스름이 내려앉고 있었다. 아빠가 있었으면, 빨리 엄마에게 가 보라고 재촉을 할 시간이었다.

'엄마 걱정하겠다!'

서준이는 집을 향해 나는 듯 뛰었다. 엄마의 환한 얼굴을 빨리 보고 싶었다.

프랑스의 국민 과학자
파스퇴르는 어떤 사람일까?

이을교육연구소 소장 강승임

1. 루이 파스퇴르의 생애와 업적

 가장 느린 아이, 과학자가 되기로 결심하다

　루이 파스퇴르는 1822년 12월 27일 프랑스의 작은 마을 '돌'에서 태어났습니다. 아버지는 짐승의 털가죽을 다듬는 무두장이 일을 했고, 어머니는 넉넉하지 않은 집안 살림을 꾸렸습니다. 파스퇴르의 아버지는 학교에 다닌 적이 없었지만 혼자 역사와 과학을 공부해 아이들을 가르쳤지요. 특히 아이들에게 당시 정치적으로 불안했던 조국 프랑스를 사랑하는 애국심을 키워 주었어요.

　어린 파스퇴르는 종종 아버지 일을 구경하다가 궁금한 점이 있으면 망설이지 않고 물어보았습니다. 파스퇴르의 아버지는 할 일이 많아 몹시 바쁜 가운데도 이들을 매우 기특해하며 아들의 질문에 성실히 답해 줬습니다. 파스퇴르는 후에 자신이 끈기 있게 과학 연구에 임할 수 있었던 건 아버지에게서 인내심을 배웠기 때문이라고 고백하지요.

　초등학교에 입학한 파스퇴르는 처음에는 두각을 보이지는 않았습니다. 오히려 평범하고 둔해 보이기까지 했어요. 공부를 잘 못하는 데다 모든 것이 느렸습니다. 선생님은 이런 파스퇴르를 좀 모자란 아이라고 생각해 파스퇴르 부모님에게 파스퇴르가 착하기는 하지만 많이 배우지는 못할 거라고 말했어요. 하지만 파스퇴르의 아버지는 파스퇴르가 호기심이 많고 끈기가 강해 시간이 걸리더라도 할 일을 해내리라는 기대를 버리지 않았습니다.

파스퇴르는 느리기는 했지만 그림을 잘 그렸습니다. 사물을 주의 깊게 관찰한 뒤 하나하나 정확하게 그리려고 노력했어요. 후에 이런 재능을 발휘해 세균과 미생물을 현미경으로 꼼꼼하게 관찰한 뒤 그림으로 그려 연구를 좀 더 정확하게 할 수 있었다고 합니다.

중학교에 입학하고 나서부터 파스퇴르의 실력이 점점 빛을 발하기 시작했습니다. 궁금한 문제가 있으면 완전히 이해할 때까지 파고드는 성격 덕분에 공부도 아주 잘하게 되고, 선생님들에게 인정도 받았습니다. 특히 과학 성적이 아주 우수했지요. 그래서 교장 선생님은 파스퇴르 부모님을 찾아가 파스퇴르를 파리로 유학 보낼 것을 권했습니다. 하지만 파리로 간 파스퇴르는 향수병에 걸려 3주 만에 집으로 돌아왔습니다.

파스퇴르는 언젠가 다시 파리의 학교에 입학하기 위해 때를 기다리며 공부에 매진했습니다. 이때 파스퇴르는 자신이 과학 연구에 재능이 있음을 깨달았습니다. 과학 연구는 세밀하게 관찰하고 끈질기게 탐구하는 성격과 아주 잘 맞았고 무엇보다 호기심을 해결해 주는 데 큰 매력을 느꼈습니다.

 발효의 수수께끼와 미생물의 존재를 밝히다

파스퇴르는 마침내 21세에 파리에 있는 명문 사범학교 에꼴 노르말에 입학했습니다. 에꼴 노르말은 중등학교 교사와 대학 교수를 양성

하는 학교였는데, 파스퇴르는 여기서 당시 세계적인 화학자 뒤마 교수의 수업을 듣게 되었습니다. 파스퇴르는 뒤마 교수의 실험에 감격해 화학 연구에 몰두했습니다. 그 결과 박사 학위를 받고 대칭 모양의 결정체를 발견하여 '입체 화학'이라는 새로운 분야를 열었습니다.

27세에 스트라스부르 대학교의 화학과 교수가 된 파스퇴르는 대학교 학장의 딸 마리 로랑과 사랑에 빠져 결혼을 했습니다. 마리는 연구에만 몰두하는 파스퇴르의 생활을 잘 이해해 줬지요. 파스퇴르는 종종 실험 계획을 아내에게 말하며 생각을 좀 더 분명하게 정리해 나갔다고 합니다.

5년 뒤 릴대학교로 옮긴 파스퇴르는 '술을 만드는 과정에서 맛이 변질돼 큰 손해를 보고 있다.'는 어떤 술 제조업자의 하소연을 듣고, 발효 연구를 시작했습니다. 파스퇴르는 현미경으로 발효 중에 있는 주스를 관찰하다가 잘 발효된 주스 안에는 작고 둥근 효모가 있고, 변질된 주스 안에는 효모보다는 막대 모양의 물체가 있는 것을 발견했지요.

파스퇴르는 효모가 활발하게 번식하는 주스는 발효가 잘 되어 좋은 술이 되고, 주스에 효모가 없으면 발효가 안 된다는 걸 알아냈습니다. 나아가 막대 모양의 물체가 주스나 우유를 상하게 하는 또 다른 미생물임을 증명했지요. 이는 발효나 부패 모두 미생물에 의해 발생한다는 사실을 입증하는 놀라운 결과였답니다.

이 일을 계기로 파스퇴르는 본격적으로 미생물 연구를 시작했습니다. 당시 대부분의 과학자들은 미생물을 비롯한 모든 생물이 자연에서 저절로 생겨난다고 생각했어요. 이를 '자연 발생설'이라고 해요. 하지만 파스퇴르는 이에 의심을 품고 실험을 통해 진실을 찾아내야 한다고 생각했습니다. 파스퇴르는 미생물이든 다른 생물이든 자연히 생겨나는 게 아니라 공기를 비롯한 온갖 곳에 이미 존재한다고 믿었지요. 그래서 직접 실험 도구까지 발명해 연구했습니다. 바로 그 유명한 '백조 목 플라스크'예요. 플라스크의 목 부분을 백조의 목처럼 구부려 만든 거예요.

파스퇴르는 고기 국물을 플라스크에 넣고 플라스크의 목을 S자형으로 구부렸습니다. 그런 뒤 고기 국물을 끓였습니다. 만약 자연 발생설이 옳다면 며칠 뒤 저절로 생겨난 미생물이 보일 것이고, 아니라면 아무 생명체도 관찰되지 않을 것이라고 생각했습니다. 실험 결과 플라스크 안에는 미생물이 생기지 않았습니다. 구부러진 플라스크의 목에는 고기 국물을 끓일 때 나온 수증기가 맺혀 물이 고였는데, 이 고인 물 때문에 외부의 공기 중에 있는 먼지와 세균이 플라스크 안으로 들어가지 못했던 것이지요.

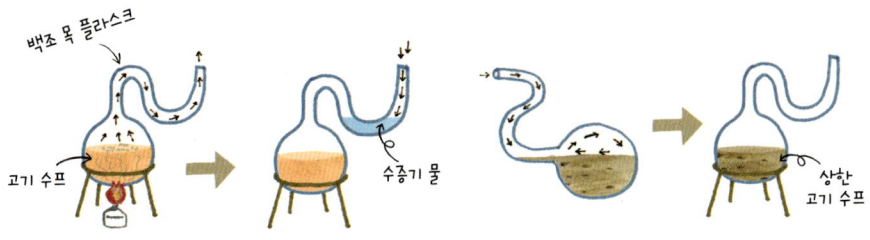

140

파스퇴르는 플라스크를 기울여서 고기 국물이 외부의 공기와 통하도록 만들었어요. 그 결과 미생물들이 고기 국물과 만나 마구 번식했지요. 곧 고기 국물은 뿌옇게 변하며 상했습니다. 이로써 파스퇴르는 자연 발생설이 완전히 틀렸음을 밝혔고, 이를 계기로 파스퇴르의 이름이 세상에 널리 알려지게 되었어요.

프랑스의 포도주 산업을 살린 저온 살균법

파스퇴르가 41세가 되던 해에 프랑스를 통치하고 있던 나폴레옹 3세가 그를 궁궐로 불렀습니다. 나폴레옹 3세는 파스퇴르에게 포도주가 너무 빨리 상해 프랑스의 포도주 산업에 어려움이 많으니, 포도주가 빨리 상하는 원인을 찾아내 해결해 주었으면 좋겠다고 말했지요.

파스퇴르는 곧장 포도주를 생산하는 마을로 가 실험실을 차린 후 연구를 시작했습니다. 파스퇴르는 포도주가 상하는 이유도 미생물 때문일지 모른다는 가설을 세운 뒤 현미경으로 거듭 관찰한 끝에 그 원인이 되는 마이코더마 아세티 박테리아를 찾아냈어요.

그런 다음 파스퇴르는 마이코더마 아세티 박테리아를 없애는 실험을 했습니다. 박테리아를 가열해 죽이는 실험을 할 때 너무 높은 온도로 가열하면 포도주의 좋은 맛을 내는 효모도 죽을 수 있기 때문에 마이코더마 아세티 박테리아만 죽일 수 있는 최저의 온도를 찾아야 했어요. 그리고 적절한 가열 시간도 알아내야 했지요. 너무 오래 가열하면 다른 이로운 미생물이 죽을 수 있고, 너무 빨리 가열하면 박테리아가 죽지 않을 수 있으니까요.

이러한 고민 끝에 파스퇴르는 포도주의 맛을 변하게 하는 박테리아를 없애는 '저온 살균법'을 고안해 내지요. 60~65℃에서 30분간 포도주를 살균하면 마이코더마 아세티 박테리아가 죽어 포도주가 상하지 않는 것입니다. 덕분에 프랑스의 포도주 산업은 위기를 극복하고 번창할 수 있었습니다.

파스퇴르식 저온 살균법은 우유와 치즈를 비롯하여 소다수 같은 수많은 음료를 살균하는 방법으로 활용되었습니다. 파스퇴르는 이 방법에 대해 특허 신청을 냈지만 사용하는 사람들에게 사용금을 한 푼도 받지 않았어요. 파스퇴르는 과학 연구로 인류에게 도움이 되고자 했지 부자가 되기 위해 연구를 한 건 아니라고 말했어요. 파스퇴르는 일반인들이 자유롭게 특허를 사용하도록 허락했습니다.

 의사는 손을 씻고 병원은 청결해야 한다

파스퇴르는 과학 연구에 더욱 매진하기 위해 황제에게 요청하여 새 실험실을 짓던 중, 그만 뇌졸중으로 쓰러지고 말았습니다. 그의 나이 46세로 한창 과학 업적을 쌓고 있던 때였지요. 이 소식이 주변에 알려지자 프랑스의 국민들뿐만 아니라 황제까지 파스퇴르의 건강을 염려하기 시작했습니다. 몸이 마비되어 움직이지 못하게 되자 파스퇴르는 자신이 곧 죽을지도 모른다는 두려움을 느꼈습니다. 파스퇴르의 부모님은 이미 돌아가셨고, 그의 1남 4녀의 자녀 중에서 벌써 세 딸이 세상을 떠났기 때문에 두려움은 더 컸습니다. 하지만 파스퇴르는 아버지가 삶을 통해 일깨워 준 성실함과 노력의 가치를 되새기며 강한 정신력으로 병을 이겨냈습니다.

파스퇴르의 몸이 어느 정도 회복되었을 때 프랑스와 프러시아(지금의 독일) 사이에 전쟁이 일어났습니다. 애국심이 남달랐던 파스퇴르는 민방위군으로 참전을 원했지만 징병국에서 파스퇴르의 과학적 업적과 활동을 소중히 여겨 받아들이지 않았지요. 하지만 아들 장이 참전한 뒤 소식이 끊기자, 파스퇴르는 프랑스군이 패배하고 있다는 전쟁터를 아내와 함께 직접 찾아갔습니다. 그곳에서 극적으로 아들을 만났으나 파스퇴르는 병사들의 처참한 모습에 큰 충격을 받았습니다.

파스퇴르는 부상당한 병사들이 속수무책으로 죽어 가는 것을 보고 의사들에게 병사들의 상처에 나쁜 미생물, 곧 세균이 감염되지 않도록 의료 기구들을 소독하고 청결을 유지해야 한다고 강하게 요청했습니다. 하지만 의사들은 질병과 미생물은 관련이 없다며 파스퇴르의 말을 전혀 듣지 않았어요. 당시 의사들은 환자가 죽는 이유는 상한 음식과 나쁜 공기 때문이라고 생각했거든요.

의사들의 태도에 파스퇴르는 실망했지만 관련 연구를 멈추지 않았습니다. 파스퇴르는 산모들이 집에서 아이를 낳을 때보다 병원에서 낳을 때 더 많이 죽는다는 사실을 발견하고는 그 원인 또한 의사가 산모에게 세균을 옮기기 때문이라고 생각했습니다. 대부분의 의사들이 손도 씻지 않고 환자를 진찰하는 데다 오물이 묻은 옷을 그대로 입은 채 수술을 했거든요.

파스퇴르는 병원과 의사가 오히려 환자에게 세균을 감염시켜 죽음에 이르게 한다는 가설을 세우고 그것을 입증하려고 했어요. 병원에서 아기를 낳고 갑자기 열이 나는 산모들의 피를 관찰한 끝에 마침내 세균을 발견했습니다. 그럼에도 프랑스의 의사들은 냉담하게 반응했습니다. 하지만 영국의 한 병원에서 파스퇴르의 말대로 의료 기구를 소독하고 의사의 몸과 옷을 항상 청결하게 유지하자 환자의 생존율이 높아졌다는 사실이 알려지자 비로소 프랑스 의료계도 차츰 파스퇴르의 주장을 받아들였습니다. 이제 의사들은 세균이 질병을 일으킨다는 사실을 인정하게 되었고, 청결 상태를 점검하기 위해 하얀 가운을 입기 시작했습니다.

전염병을 물리친 예방 접종의 원리

파스퇴르는 56세 되던 1878년부터 이후 10년 동안 인류를 전염병에서 해방시키는 위대한 업적을 이룩했습니다. 바로 예방 접종의 원리를 발견한 것이지요.

파스퇴르는 먼저 탄저병 연구에 들어갔습니다. 탄저병은 아주 오래전부터 가축에게 걸리는 전염병이었어요. 그런데 독일의 젊은 의사 코흐(후에 '세균학의 아버지'라 불림.)가 탄저균이 어떻게 살아가는지 파스퇴르보다 먼저 밝혀냈습니다. 탄저균은 둥근 모양의 포자에서 실 모양의 세포로 변하는데, 포자일 때는 죽은 것처럼 아무 활동도 하지 않다가 따뜻하고 양분이 있으면 세포로 변해 질병을 일으키는 것이었지요.

이러한 사실을 토대로 파스퇴르는 탄저병의 감염 경로를 알아냈어요. 탄저병에 걸린 가축을 땅에 묻으면 탄저균이 포자로 변해 풀밭이나 땅속에 있다가, 그 땅에서 자란 풀을 다시 가축이 먹으면 탄저균이 가축의 몸속으로 들어가 병을 일으킨다고 생각했어요. 그러고는 그것을 실험을 통해 입증했지요. 그래서 탄저병을 막으려면 포자로 변한 탄저균을 없애야 하고, 그러기 위해서는 탄저병에 걸린 가축의 사체를 태워야 한다고 주장했습니다. 하지만 이보다 더 중요한 건 탄저균에 감염된 가축을 치료하는 것이었어요.

파스퇴르는 탄저병을 연구하던 중 닭 콜레라에도 관심을 가졌습니다. 어느 날 파스퇴르는 배양을 소홀히 해 딱딱하게 굳어 버린 닭 콜레라균을 닭에게 먹여 보았는데, 닭이 약간 아파하다가 곧 회복이 되는 것이었습니다. 파스퇴르는 여기서 아이디어를 얻어 닭 콜레라 균을 약하게 만든 다음 다른 닭들에게 먹이는 실험을 해 보았습니다. 예상대로 닭들이 잠깐 아픈 듯하다 금방 나았습니다. 이에 파스퇴르는 '우두에 걸린 사람들은 천연두에 걸리지 않는다.'는 사실을 바탕으로 종두법을 발견한 제너의 경우를 떠올렸습니다. 그러고는 면역, 곧 질병을 막는 힘을 기른다면 세균에 감염되어도 병이 나지 않을 거라는 생각을 하게 됩니다.

닭 콜레라 예방법을 알아낸 파스퇴르는 탄저병 예방에도 그 원리를 적용해 연구에 박차를 가했습니다. 탄저균을 약하게 한 다음 가축에게 주사해, 가축의 면역력을 기르는 것이지요. 이 실험이 성공함으로써 드디어 파스퇴르는 예방 접종의 원리를 증명하게 되었습니다. 질병을 일으키는 균을 약하게 하여 가축에게 접종하면 가축이 그 병균에 대항하여 면역을 키우고, 나중에 진짜 강한 병균이 가축에게 침입했을 때 그 병균을 막아내 병에 걸리지 않는다는 원리이지요.

파스퇴르는 이 원리를 광견병에도 적용해 보았습니다. 광견병은 개에게 먼저 발생해 인간에게 전염되는데, 매우 고통스러운 전염병 중 하나였습니다. 파스퇴르는 먼저 동물에게 광견병 예방 접종을 해 성공시킨 뒤 광견병에 걸린 아이에게도 적용해 성공했습니다. 이후 예방 접종이 프랑스를 넘어 전 세계에 퍼지게 되고 파스퇴르는 의사보다 환자를 더 많이 구하는 과학자로 널리 이름을 알리게 되지요.

 파스퇴르, 프랑스 과학의 상징이 되다

예방 접종에 성공한 파스퇴르는 프랑스를 넘어 전 세계인의 관심과 존경을 받게 되었습니다. 질병으로부터 인류를 구했기 때문이지요. 프랑스 국민들은 이런 파스퇴르를 위해 새 연구실을 마련해 주기로 마음을 모았습니다. 다른 나라 사람들도 이 운동에 동참했지요.

그러나 파스퇴르는 이미 너무 오랫동안 많은 연구와 긴장 속에서 생활했던 터라 몸이 급격하게 쇠약해졌습니다. 파스퇴르 연구소의 건립을 앞두고 파스퇴르에게 다시 뇌졸중이 찾아왔습니다. 그러나 파스퇴르는 파스퇴르 연구소가 세워진다는 사실에 몹시 기뻐했지요. 1888년 파스퇴르 연구소가 오픈하는 날, 감격에 겨운 파스퇴르는 다음과 같이 인사말을 전했습니다.

"이 세상에는 반대되는 두 정신이 싸우고 있습니다. 하나는 전쟁을 일으키는 피와 죽음의 정신이고, 또 하나는 인간을 고통으로부터 구하려는 평화와 건강의 정신입니다. 하나는 폭력적인 정복을 추구하고 다른 하나는 인간성의 회복을 추구합니다. 우리 프랑스의 과학은 인간성 회복을 추구하는 정신에 복종하여 생명의 한계를 넓히는 일에 힘을 쏟아야 합니다."

파스퇴르는 1895년 73세의 나이로 숨을 거둘 때까지 파스퇴르 연구소의 소장으로 일했습니다. 그는 프랑스 과학의 상징이 되었고, 파스퇴르 연구소는 세계 의학과 생물학을 이끄는 훌륭한 연구소로 성장했습니다.

2. 파스퇴르에게 배울 점

파스퇴르는 프랑스 국민의 사랑을 한 몸에 받는 과학자입니다. 뿐만 아니라 세계 과학의 역사에도 큰 발자취를 남겼습니다. 프랑스에서는 국가 대표 과학자로 불리고, 세계적으로는 미생물학의 아버지로 불리지요. 파스퇴르의 가장 큰 업적 중의 하나가 미생물학의 기초를 다진 것이니까요.

파스퇴르는 매우 끈기 있는 사람입니다. 어렸을 때 또래보다 학습이나 과제 수행이 느렸지만 조바심을 내지 않고 끝까지 이해하고 해내려고 했습니다. 관심을 갖거나 궁금한 것이 생기면 중간에 포기하지 않고 완전한 성취를 이루거나 그 문제를 해결할 때까지 끈기 있게 매달렸습니다.

그리고 파스퇴르는 어느 과학자보다 과학자로서 갖추어야 할 자세와 태도를 지키며 매우 성실하게 연구를 했습니다. 미생물 연구를 할 때 파스퇴르는 당시 자연 발생설을 지지했던 뿌셰 교수의 태도를 강하게 비판했어요. 뿌셰 교수가 명상을 통해 자연 발생설이 옳다는 것을 깨달았다고 했기 때문입니다. 파스퇴르는 과학자라면 정확한 관찰과 치밀한 실험을 통해 과학적 진실을 탐구하고 밝혀내야 한다고 생각했지요.

파스퇴르는 평생 이런 태도를 잃지 않고 과학 연구를 한 끝에 수많은 과학 이론과 지식을 발견할 수 있었습니다.

또한 파스퇴르는 과학 연구를 통해 개인의 부를 쌓기보다 국가와 인류의 발전을 이루는 데 더 관심이 많았습니다. 파스퇴르는 저온 살균법을 발명하여 프랑스의 포도주 산업을 살렸고, 예방 접종의 원리를 발견하여 인류를 전염병의 위협에서 구했습니다. 위대한 발견과 발명을 할 때마다 자신이 낸 특허를 사람들이 돈을 내고 사용하게 했다면, 파스퇴르는 아마 어마어마한 돈을 벌었을 겁니다. 하지만 파스퇴르는 그렇게 하지 않고 프랑스 국민과 인류 모두가 특허를 사용하도록 허용했습니다. 그래서 파스퇴르의 실제 생활은 늘 쪼들렸답니다. 그의 관심은 돈보다 과학적 사실을 밝혀 모든 사람에게 알리는 것이었기 때문이지요. 그래야 사람들이 잘못된 선택을 하거나 엉뚱한 피해를 입지 않으니까요.

이 외 파스퇴르는 애국심이 투철한 과학자로도 널리 알려져 있습니다. 프랑스와 프러시아 사이에 전쟁이 일어났을 때 "과학에는 국경이 없다. 그러니 과학자에게는 조국이 있다."는 유명한 말을 남기며 프러시아의 본대학교에서 받은 명예 의학 박사 학위를 돌려보냈지요.

앞에서 보았듯이 파스퇴르는 한 인간으로서 끈기 있는 태도와 과학자로서 진실을 철저하게 탐구하는 자세, 국가와 인류를 위하는 사명감으로 위대한 업적을 남길 수 있었습니다. 파스퇴르의 이러한 자세와 태도는 과학자를 꿈꾸는 어린이들뿐만 아니라 모든 꿈이 있는 어린이에게 모범이 되어 줍니다.

과학의 기초를 잡아주는 처음 과학동화 **독후활동지**
파스퇴르 아저씨네 왁자지껄 병원

구성 강승임 이을교육연구소 소장

과학의 기초를 잡아주는 처음 과학동화 독후활동지, 과학 학습에 어떤 도움이 될까?

〈처음 과학동화〉 시리즈는 과학 분야를 대표하는 위인들이 등장하여 그들이 연구한 과학적 지식을 재미있게 풀어 나가는 형식으로 꾸며져 있습니다. 동화를 재미있게 읽고 나서 독후활동지를 한 문제 한 문제 풀어 가다 보면 과학 위인들의 대표 이론을 다시 한 번 되새기고 과학적 탐구심을 충족시킬 수 있을 것입니다. 또한 비판적인 글쓰기를 통해 자신의 생각을 올바르게 표현하는 방법도 익힐 수 있습니다.

〈과학의 기초를 잡아주는 처음 과학동화 독후활동지〉는
이렇게 구성돼요.

I. 과학 기초 지식 쌓기 동화 내용의 이해

동화 각 장의 소제목이기도 한 파스퇴르의 교훈을 점검해 보고, 동화 속에서 그 내용이 어떻게 적용되었는지 적어 보면서 과학 기초 지식을 쌓습니다.

II. 과학 창의력 기르기 이해와 비판

동화를 통해 익힌 과학적 지식을 친구들과 토론해 보고 글로 써 보며 생각을 넓히고, 동화 속에서 느낀 점을 자신의 경험과 맞물려 표현하는 능력을 키웁니다.

III. 과학자 연구 – 파스퇴르

부록의 내용을 바탕으로 파스퇴르의 삶을 이해하고, 파스퇴르의 삶에서 받은 교훈이 현대 사회에 어떤 도움이 되는지 적어 보며 논리적 사고를 키웁니다.

학부모 및 교사용 도움말

교과연계	
〈4학년 1학기 국어❹〉 9. 생각을 나누어요	서로 다른 의견을 비교하며 자신의 생각과 느낌을 이야기할 수 있다.
〈5학년 1학기 국어㉮〉 1. 인물의 말과 행동	생각의 근거를 마련하는 방법을 익혀 찬성하거나 반대하는 글을 쓸 수 있다.
〈5학년 2학기 과학〉 4. 우리 몸의 구조와 기능	알고 있는 과학 지식을 바탕으로 글을 쓸 수 있다.
〈6학년 2학기 과학〉 1. 생물과 우리 생활	알고 있는 과학 지식을 바탕으로 글을 쓸 수 있다.

Ⅰ. 과학 기초 지식 쌓기 동화 내용의 이해

○ 교과연계 ○
〈5학년 2학기 과학〉
4. 우리 몸의 구조와 기능

《파스퇴르 아저씨네 왁자지껄 병원》 본문에는 각 장마다 어린이 여러분께 전하고자 하는 파스퇴르의 교훈을 소제목으로도 적어 두었어요. 동화 내용을 다시 한 번 떠올려 보며 아래 질문들에 답해 보세요. 적는 동안 사연스럽게 어린이 여러분 마음속에도 과학적 지식이 차곡차곡 쌓일 거예요.

1. 파스퇴르 선생님은 서준이에게 예방 주사를 맞는 이유가 뭐라고 말하나요?

_____
_____
_____
_____
_____
_____
_____

2. 파스퇴르 선생님은 서준이네 학교 급식실에 와서 무엇을 했나요?

_____
_____
_____
_____
_____
_____
_____
_____

○ 교과연계 ○
〈5학년 2학기 과학〉
4. 우리 몸의 구조와 기능

3. 파스퇴르 선생님은 부패와 발효가 어떻게 다르다고 했나요?

_____
_____
_____
_____
_____
_____
_____

4. 파스퇴르 선생님은 뭔가를 알아내고 싶다면 어떻게 하라고 말하나요?

_____
_____
_____
_____
_____
_____
_____

○ 교과연계 ○
〈6학년 2학기 과학〉
1. 생물과 우리 생활

5. 이유 없이 아플 수 있지 않느냐는 서준이의 물음에 파스퇴르 선생님은 뭐라고 답하나요?

___

6. 프랑스의 파스퇴르 박사는 어떤 일을 계기로 미생물 연구에 평생을 바쳤다고 했나요?

___

교과연계
〈6학년 2학기 과학〉
1. 생물과 우리 생활

7. 수호와 아이들이 장염에 걸렸던 이유는 무엇이었나요?

155

II. 과학 창의력 기르기 이해와 비판

> 교과연계
> 〈4학년 1학기 국어 나〉
> 9. 생각을 나누어요

앞에서 살펴본 동화 내용을 바탕으로 사고를 확장시켜 볼 거예요. 아래 문제들을 친구들과 함께 토론해 보세요. 나와는 다른 다양한 입장과 해결 방안이 있다는 걸 깨닫게 될 거예요. 또한 동화를 읽고 느낀 점을 자신의 경험과 연결하여 글로 써 보세요. 나를 더 잘 표현할 수 있는 좋은 연습이 될 거예요.

【과학 창의 토론】

1. 파스퇴르 선생님은 세상에 일어나는 모든 일은 원인이 있다고 말합니다. 이 생각에 동의하나요? 이유가 없거나 이유를 찾을 수 없는 경우는 없는지 의견을 자유롭게 말해 보세요.

2. 과거에 파스퇴르 박사의 예방 접종 연구 덕분에 인류는 수많은 전염병을 극복하게 되었지만, 오늘날 변종 바이러스나 새로운 바이러스의 등장으로 전염병의 위협이 여전합니다. 왜 자꾸 더 강력한 전염병이 생겨나는 걸까요?

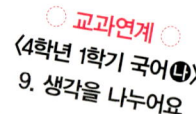

【과학 창의 논술】

1. 파스퇴르 선생님은 무언가를 알아내고 싶다면 가설을 세우라고 말합니다. 다음 문제 중 하나를 골라 가설을 세우고 어떻게 그 가설이 옳다는 것을 증명할지 연구 계획도 세워 보세요.

   1) 왜 어린이들은 공부보다 게임을 더 좋아할까?
   2) 왜 왕따가 생기는 걸까?

   _____
   _____
   _____
   _____
   _____
   _____
   _____
   _____
   _____
   _____
   _____
   _____

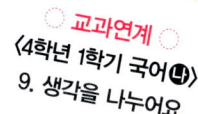

2. 질병을 예방하기 위해 생활 속에서 실천해야 할 것들이 무엇이 있는지 써 보세요.

III. 과학자 연구 – 파스퇴르

동화를 읽고 '파스퇴르 아저씨는 어떤 분일까?' 하는 궁금증이 생겼나요? 이제 부록에 소개된 파스퇴르 아저씨의 삶과 사상을 복습해 볼 거예요. 부록을 꼼꼼히 읽고 문제를 풀어 보세요.

> 교과연계
> 〈5학년 1학기 국어 ㉮〉
> 1. 인물의 말과 행동

1. 파스퇴르의 아버지는 파스퇴르가 어렸을 때 느리고 공부도 못한다는 얘기를 들었는데도 왜 파스퇴르에 대한 기대를 버리지 않았나요?

   _____
   _____
   _____
   _____
   _____
   _____

2. 파스퇴르는 미생물의 존재를 어떻게 해서 밝혀냈나요?

   _____
   _____
   _____
   _____
   _____
   _____
   _____
   _____

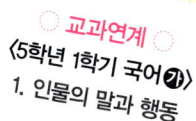

3. 파스퇴르는 어떻게 해서 프랑스의 포도주 산업을 살렸나요?

_____
_____
_____
_____
_____
_____
_____

4. 파스퇴르는 어떤 점에서 의사보다 더 많은 환자를 구한 과학자라고 볼 수 있나요?

_____
_____
_____
_____
_____
_____
_____

> 교과연계
> 〈5학년 1학기 국어 ㉮〉
> 1. 인물의 말과 행동

5. 파스퇴르의 여러 가지 훌륭한 점 중에서 어떤 면을 본받고 싶은지 이유와 함께 써 보세요.

학부모 및 교사용 도움말

1. 과학 기초 지식 쌓기 동화 내용의 이해

1. 서준이는 예방 주사를 맞으러 간 소아과에서 의사 선생님에게 왜 예방 주사를 맞는지 묻는다. 이에 의사 선생님은 전염병을 예방하기 위해 예방 주사를 맞는 거라고 말한다. 예방 주사에 들어 있는 해당 전염병의 원인균이 우리 몸으로 들어가 우리 몸이 스스로 전염병에 맞서 싸울 수 있는 힘을 길러 준다는 것이다. 이때 원인균에 맞서 싸우기 위해 우리 몸은 스스로 항체를 만든다. 이 항체가 바로 전염병을 일으키는 세균을 물리치는 병사 구실을 하는 것이다.

2. 학교 급식을 먹고 몇몇 아이가 장염에 걸려 조사를 하러 왔다. 급식실에 장염을 일으키는 미생물이 있는지 알아보기 위해 급식실 구석구석을 면봉으로 문지르며 미생물 샘플을 채취했다.

3. 진혁이는 아이들의 장염을 일으킨 범인이 김치라고 보고 파스퇴르 의사 선생님에게 가지고 간다. 하지만 선생님은 김치는 상한 게 아니라 좀 더 발효가 진행된 거라고 말한다. 상했다는 것은 부패했다는 의미인데, 이건 세균처럼 해로운 미생물이 들어와 음식을 변화시킨 경우이다. 반면에 발효는 세균이 아닌 효모라는 미생물이 음식물을 더 맛있게 변화시키는 것이다. 발효가 일어나면 음식이 더 맛있어지고 영양도 풍부해진다.

4. 파스퇴르 선생님은 아이들이 장염에 걸린 이유가 무엇인지 고민하는 서준이와 진혁이에게 뭔가를 알아내고 싶다면 가설을 세우라고 한다. 가설이란 어떤 사실을 증명하기 위해 가상으로 세우는 설정을 말하는데, 검증이 가능한, 제대로 된 가설을 세우는 것이 중요하다. 그다음 가설이 옳다는 것을 실제로 입증해 내어야 한다. 파스퇴르 선생님은 이번 문제에 대해서는 먼저 입원한 아이들을 확인한 뒤 공통적으로 먹은 음식을 조사해 보라고 말한다.

5. 파스퇴르 선생님은 세상에 일어나는 모든 일은 자연적으로 발생하지 않는다고 말한다. 원인 없이 자연적으로 생기는 건 아무것도 없다는 뜻이다. 따라서 만약 병에 걸렸다면 반드시 그 원인과 이유가 있다고 말한다.

6. 파스퇴르 박사가 미생물 연구에 평생을 바친 계기는 두 딸의 죽음과 관련이 있다. 파스퇴르는 두 딸을 전염병으로 잃고 자신처럼 질병으로 가족을 잃는 사람이 없기를 바라는 마음으로 미생물 연구에 매진하게 되었다. 질병의 원인을 알아 병을 막을 수 있는 방법을 알아내기 위해서

이다. 파스퇴르 박사는 질병의 원인을 미생물, 곧 세균이라고 보았다.

7. 알고 보니 수호와 아이들은 수호 엄마가 만든 간장 게장을 먹고 장염에 걸린 것이었다. 간장을 끓이지 않고 게장을 담가 세균이 남아 번식했던 것이다. 파스퇴르 선생님과 서준, 진혁이는 과학적인 방법을 사용하여 이 사실을 밝혔다. 가설을 세우고 추론하고 검증했던 것이다. 이에 파스퇴르 선생님은 과학은 인류의 행복을 위해 쓰일 때 빛이 난다고 말한다.

II. 과학 창의력 기르기 이해와 비판

【과학 창의 토론】

1. 자연 법칙은 원인과 결과가 어느 정도 맞아떨어지는 경우가 많으나 인간의 마음과 관련해서는 정확한 이유를 찾을 수 없는 경우가 많다. 예를 들어 누군가를 사랑하는 경우, 생물학적인 변화(특정 호르몬 및 신경 전달 물질 분비 등)들을 근거로 사랑의 원리를 설명하는 이론들이 있다. 하지만 그건 사랑이 시작된 이후에 나타나는 변화이기 때문에 사랑에 빠지는 이유를 설명하지는 못한다. 이와 같은 구체적인 예를 자신의 경험에서나 주변에서 찾아본다.

2. 새로운 전염병이 등장하는 배경에 대해 정확히 알기는 어렵다. 다만 몇 가지 추론을 해 볼 수 있을 것이다. 우선 교통의 발달로 국가간 교류가 활발해지면서 특정 지역에만 있던 질병이 다른 나라로 옮겨 왔을 수 있다. 그리고 동물과의 접촉이 늘어나면서 동물에게 전염병을 옮게 되는 경우도 많아졌다. 또 바이러스에 내성이 생겨 예방 주사를 맞아도 효과가 없을 수 있고, 환경 변화에 따라 돌연변이 바이러스가 생기면 기존의 백신이 효과가 없을 수 있다.

【과학 창의 논술】

1. 가설을 세울 때는 어떤 결과의 원인이 무엇인지를 추측해 본다. 가설은 ' ~라면 ~일 것이다.' '~은 ~일 것이다.'와 같은 문장으로 표현된다. 그리고 계획을 세울 때는 그러한 가설을 어떻게 사실로 입증할지 연구 방법을 생각해 본다. 예를 들어 '어린이들은 왜 공부보다 게임을 더 좋아할까?'라는 주제에 대해 '어린이들의 뇌는 순간적인 자극에 더 반응하기 때문에 공부보다 게임을 더 좋아할 것이다.'라는 가설을 세웠다고 생각해 보자. 그러면 연구 계획은 먼저 어린이들의 뇌가 순간적인 자극에 더 반응하는지 확인하고, 게임과 공부 중 무엇을 할 때 자극이 더 큰지 실험해 봐야 한다.

2. 질병의 가장 큰 원인은 세균과 바이러스다. 이것들은 어느 곳에나 있다. 특히 더러운 물건이나 화장실, 오염된 장소에는 나쁜 미생물이 많이 있다. 세균과 바이러스는 입이나 코, 상처 난 부위 등을 통해 우리 몸속으로 침입할 수 있다. 따라서 평소에 청결을 유지하고 음식을 먹기 전 손을 씻는 습관을 들이고 미세 먼지 등으로 공기가 오염된 곳에서는 마스크를 쓴다. 그리고 무엇보다 세균이나 바이러스가 침입했을 때 이를 막아 내기 위해 면역력을 강화할 필요가 있다. 이를 위해 평소 밥을 거르지 않고 영양분을 골고루 섭취해야 하고, 운동을 하면서 튼튼한 몸을 만들어야 한다.

III. 과학자 연구 – 파스퇴르

1. 어린 파스퇴르가 비록 성적이 나쁘고 학습 속도도 느렸지만 기본적으로 호기심이 많고 궁금한 것은 꼭 해결하려는 태도를 지니고 있었기 때문이다. 그리고 무엇보다 한 가지 일을 끈기 있게 끝까지 하기 때문에 파스퇴르의 아버지는 언젠가 파스퇴르가 제 몫을 해 내리라고 믿었다.

2. 당시 대부분의 과학자들은 미생물을 비롯한 생물이 자연적으로 발생했다고 생각했다. 특히 이를 강하게 주장한 뿌셰 교수는 명상을 통해 자연 발생설이 옳다는 확신을 얻게 되었다고 발표한다. 이에 파스퇴르는 실험과 연구를 통해 과학적인 진실을 찾아야 한다고 믿고 백조 목 플라스크를 만들어 직접 실험해 본다. 그 결과 생명체는 스스로 생겨나지 않았으며 미생물 역시 공기 중에 있던 것이 양분을 얻게 되면 번식한다는 사실을 밝혀냈다. 곧, 미생물은 이미 이 세상 곳곳에 존재함을 밝혔다.

3. 당시 프랑스는 포도주를 많이 생산하여 수출했지만 배에 싣고 가는 중에 거의 다 상해 맛이 변해 버렸다. 그래서 결국 수출이 이루어지지 않고 손해만 보게 되자 나폴레옹 3세가 직접 파스퇴르에게 원인과 해결책을 알아내 달라고 부탁한다. 이에 파스퇴르는 포도주가 발효 과정에서 박테리아에 의해 부패한다는 걸 알고 그 박테리아를 어떻게 없앨지 연구한다. 마침내 효모를 죽이지 않고 저온에서 살균하는 방법을 알아내 포도주가 상하는 걸 막을 수 있었다. 그 결과 포도주 수출이 활기를 띠었고 포도주 산업이 번창하게 되었다.

4. 파스퇴르는 미생물의 존재를 밝혔을 뿐만 아니라 이중 질병의 원인이 되는 세균과 박테리아의 존재도 알아냈다. 파스퇴르가 발견한 이 같은 사실로 인해 의사들은 진료할 때 의료 기구를 살균하고 자신도 깨끗한 상태에서 치료를 하게 되었다. 그래서 병원에서 치료를 받고 더 심한

질병에 걸리거나 죽는 사람이 매우 줄어들었다. 게다가 예방 접종의 원리를 발견하여 인류를 전염병에서 해방시켰다. 이제 치명적인 병은 예방 접종을 통해 사전에 막을 수 있게 된 것이다. 이런 점에서 의사보다 환자를 더 많이 구했다고 말할 수 있다.

5. 파스퇴르는 과학자로서의 재능과 태도, 국가를 사랑하는 애국심, 인류를 위하는 인류애 등이 남달랐다. 이중 어떤 면을 본받고 싶은지 자신의 꿈이나 부족하다고 느끼는 부분과 관련지어 생각해 본다. 예를 들어 꼭 과학자가 꿈이 아니더라도 파스퇴르의 인류를 사랑하는 마음을 본받아 많은 사람들을 행복하게 해 주고 싶다거나, 평소에 쉽게 포기하는 경우가 많다면 끈기를 본받고 싶다고 쓸 수 있다.

인성의 기초를 잡아주는
처음 인문학동화 전20권

독자가 증명하는 '어린이 인문학' 대표 베스트셀러!

이 시리즈는 철학, 문학, 예술 등 인문학 분야를 대표하는 인물이 어린이들의 이웃으로 나타나 고민을 함께 나누고 인문학적 지혜를 자연스럽게 일깨워 주는 동화이자 자기계발서입니다.

시리즈 누적 26만 부 이상 판매! **일본, 중국 저작권 수출** **문화체육관광부 우수교양도서**

- 01 공자 아저씨네 빵가게
- 02 마더 테레사 아줌마네 동물병원
- 03 소크라테스 아저씨네 축구단
- 04 피카소 아저씨네 과일가게
- 05 톨스토이 할아버지네 헌책방
- 06 정약용 아저씨의 책 읽는 밥상
- 07 아리스토텔레스 아저씨네 약국
- 08 셰익스피어 아저씨네 문구점
- 09 칸트 아저씨네 연극반
- 10 헤겔 아저씨네 희망복지관
- 11 미켈란젤로 아저씨네 공작실
- 12 김구 아저씨의 비밀의 집
- 13 내 친구 맹자의 마음 학교
- 14 플라톤 아저씨네 이데아 분식점
- 15 모차르트 아저씨네 연예 기획사
- 16 신사임당 아줌마네 고물상
- 17 니체 아저씨네 발레 교실
- 18 데카르트 아저씨네 마을 신문
- 19 장자 아저씨네 미용실
- 20 도스토예프스키 아저씨네 게스트하우스

김선희 외 글 | 강경수 외 그림 | 황희경 외 도움글 | 각권 170쪽 내외 | 각권 9,500원

과학의 기초를 잡아주는 처음 과학동화 ❿
파스퇴르 아저씨네 왁자지껄 병원

1판 1쇄 발행 | 2017. 4. 26.
1판 4쇄 발행 | 2020. 6. 29.

최은영 글 | 김효진 그림 | 강승임 도움글

발행처 김영사
발행인 고세규
편집 김효성 **디자인** 김민혜
등록번호 제 406-2003-036호
등록일자 1979. 5. 17.
주소 경기도 파주시 문발로 197(우10881)
전화 마케팅부 031-955-3100 편집부 031-955-3113~20
팩스 031-955-3111

© 2017 최은영, 김효진
이 책의 저작권은 저자에게 있습니다. 저자와 출판사의 허락 없이 내용의 일부를 인용하거나
발췌하는 것을 금합니다.

값은 표지에 있습니다.
ISBN 978-89-349-7710-0 74810
ISBN 978-89-349-7119-1(세트)

좋은 독자가 좋은 책을 만듭니다. 김영사는 독자 여러분의 의견에 항상 귀 기울이고 있습니다.
전자우편 book@gimmyoung.com | 홈페이지 www.gimmyoungjr.com

이 도서의 국립중앙도서관 출판시도서목록(CIP)은 서지정보유통지원시스템 홈페이지(http://seoji.nl.go.kr)와
국가자료공동목록시스템(http://www.nl.go.kr/kolisnet)에서 이용하실 수 있습니다.
(CIP제어번호 : CIP2017009118)

어린이제품 안전특별법에 의한 표시사항

제품명 도서 제조년월일 2020년 6월 29일 제조사명 김영사 주소 10881 경기도 파주시 문발로 197
전화번호 031-955-3100 제조국명 대한민국 ⚠주의 책 모서리에 찍히거나 책장에 베이지 않게 조심하세요.